JN123388

小・中・高等学校

特別活動と 総合的学習・探究の 理論と指導

新学習指導要領に準拠した理論と指導

第2版

中園大三郎

松田　　修

中尾　豊喜

編著

学術研究出版

はじめに

　2020（令和2）年度より、小学校から順次完全実施に入った「学習指導要領改訂」には、児童生徒たちに「生きる力」を育むことを目標にし、これからの社会が急速に変化し予測困難な時代になっても、自ら課題を見付け、自ら学び、自ら考え、判断・行動し、それぞれに思い描く自己実現への願いが込められている。そのため、汎用的な学力の向上を図る全人教育の推進により、知識・技能の重視に偏ることなく、感性・徳性などの人間性も全面的に発達させ、児童生徒たちの「生きる力」の育成を図ることが肝要である。

　したがって、この度の学習指導要領改訂では、多くの改革が提言された。その中でプログラミング教育、キャリア教育、課題探究型学習、横断的・総合的教科学習、主体的・対話的で深い学び等の推進が求められ、学校教育への期待には大きなものがある。さらに加えて、2020（令和2）年1月に発生した新型コロナウイルス感染拡大抑制に伴う三密（密閉・密集・密接）回避行動や、さらには「ポストコロナ社会」に対応できる学校教育の推進を考えるとき、集団活動や体験活動等と深い関わりを有する「特別活動」や「総合的な学習・探究の時間」においては、特に指導の工夫が問われていると言っても過言ではない。ついては、このような状況において、双方の教育的意義を踏まえ、それぞれの理論や指導の基礎・基本を十分に理解しておきたいものである。

　本書では、前半に「特別活動」を取り上げ、自主的、実践的な様々な集団活動を通して、児童生徒が人間としての在り方や生き方についての考えを深め自己実現を目指す教育内容について分かりやすく執筆している。後半では、「総合的な学習・探究の時間」を取り上げ、「知識基盤社会」において児童生徒が自ら課題を見付け、自ら学び、自ら考え、主体的に判断し、よりよく問題を解決できる資質・能力の育成等に関わる理論と指導について執筆している。

　本書において、二つの教育活動を一冊にまとめている背景の一つには、双方の教育活動は独自の教育的意義をもちながらも、児童生徒が課題を見付け、体験的・協働的な学習を通して、課題解決に向けて取り組む共通性を有

していることにある。二つには、2019（平成31）年4月1日の改正教育職員免許法の施行に伴い、大学では「総合的な学習の時間」の指導法が新設科目として定められたことにある。そのため「特別活動」と「総合的な学習の時間」を合わせた授業科目名で取扱う大学もあるので、本書を大学テキストや参考書として活用され、双方の理論と指導の理解に資していただければ幸いである。三つには、日々多忙な先生方へ、密接な関連関係にある双方の教育活動を簡潔かつ要を得た内容で示し、研究や指導に役立てていただきたいことにある。

　本書の特色は、次の通りである。

1. 本書は、密接に関連している二つの教育活動の基本的な事項を簡潔にまとめ、読者の研究や指導に資することのできる内容である。
2. 本書の内容は、小学校から高等学校までを対象として編集しているので、異校種にわたる関連事項等の指導について横断的で総合的な視点から系統的に効率的に理解することができる。
3. この度の学習指導要領改訂の内容に準拠し、基本的な理論及び指導等について、要を得た内容で分かりやすく執筆している。
4. 本書は、執筆者の関わった各学校・大学での実践や研究に基づいた各種指導事例及び資料等を豊富に掲載しており、理論及び指導等について理解できやすい内容である。

　なお、本書籍名「特別活動と総合的学習・探究の理論と指導」の内、「総合的学習・探究」の部分は、小・中学校の「総合的な学習の時間」と高等学校「総合的な探究の時間」の表記を包含的に表している。また、本書内では「総合的学習」で表している部分のあることもご理解いただきたい。

　むすびに、本書の執筆に当たっては、まだまだ意を尽くせない部分もあるが、本書が教育関係者や大学生のお役に立てることができれば幸いである。また、本書の刊行に当たり、ご協力いただいた各位や、編集でご尽力を賜った学術研究出版の湯川祥史郎・黒田貴子両氏には、心から感謝の意を表したい。

2023（令和5）年3月15日
　　　　　編著代表（元兵庫教育大学大学院特任教授）　中園　大三郎

目　次

第1章　総　説

第2章　特別活動の基礎・基本

第 9 章　総合的学習の時間の基礎・基本

第 10 章　総合的学習の指導計画

第 11 章　総合的学習の学習指導案の作成

第 **15** 章 総合的学習の授業時数と評価

[付記]

　本書では、引用・参考文献の発行年の表記については、学習指導要領は元号、それ以外は西暦(元号)としている。

第 1 章

総 説

第 1 節

特別活動と総合的学習の教育課程上の位置付け

1　学校の教育目標を達成する視点での位置付け

　教育基本法の第 1 条で、教育の目的は人格の完成を目指すことにあると示されている。これを受けて、小学校、中学校、高等学校の各学習指導要領総則の第 1 の 1 には、「児童生徒の人間として調和のとれた育成を目指し、各学校では適切な教育課程を編成するものとする」旨が明示されている。

　すなわち、各学校では、教育の究極の目的である「人格完成」や「人間形成」を目指して、教育目標を設定し、その実現を図るために教育課程を編成している。極言すれば、学校における教育の内容は、「人間として生きるということはどういうことかをしっかり学び、しっかり身に付けられるようにすること」を中心に教育課程の編成がなされていると言える。教育課程とは、「学校教育の目的や目標を達成するために、教育の内容を児童生徒の心身の発達に応じ、授業時数との関連において総合的に組織した学校の教育計画」[1) と定義されている。

　学校における教育活動は、「教育課程に位置付く教育活動」と「教育課程との関連を図る教育活動」とに大別される。

　前者の、「教育課程に位置付く教育活動」については、学校教育法施行規則において、表 1-1 のように定められている。

　後者の、「教育課程との関連を図る教育活動」とは、いわゆる教育課程外の教育活動のことで、部活動、学校給食、校内清掃、朝読書・朝学習、朝の会・終わりの会（第 1 時限目の前や最終授業の後に行われる、朝礼や終礼に相当する時間）、生徒指導、進路指導等が含まれる。

表1-1　学校教育法施行規則に示された教育課程

第50条 小学校の教育課程 ・各教科 ・特別の教科 道徳 ・外国語活動 ・総合的な学習の時間 ・特別活動 によって編成するものと する	第72条 中学校の教育課程 ・各教科 ・特別の教科 道徳 ・総合的な学習の時間 ・特別活動 によって編成するものと する	第83条 高等学校の教育課程 ・各教科に属する科目 ・総合的な探究の時間 ・特別活動 によって編成するものと する

　このように、特別活動及び総合的学習は、各教科等とともに小・中・高の各学校で取り組まなければならない教育活動であることが、法的に定められている。これらの教育活動は、固有の特質やねらいを有すると同時に、互いに関連し合い、補完し合いながら教育の目的や目標の達成を目指す関係で機能している。

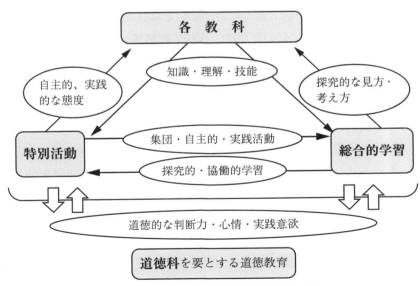

図1-1　教育課程の相互関係（中学校の例）

② カリキュラム・マネジメントを推進する視点での位置付け

　今回の学習指導要領改訂において、重要な柱の一つとして示されたのが、カリキュラム・マネジメントの推進である。カリキュラム・マネジメントについては、学習指導要領第1章総則の、小・中学校においては第1の4で、高校においては第1款の5で詳しく述べられている。その中で特筆すべきは、教育の目的や目標の実現に必要な教育の内容等を教科等横断的な視点で組み立てていくことなどを通して、各学校の教育活動の質の向上を図ることが挙げられている点である。

　この教科等横断的な視点から教育課程を編成するに当たって留意したいのは、特別活動や総合的学習の趣旨を軸にするということである。その根拠は、

　(1)　特別活動や総合的学習は、教科の枠にとらわれない学習であること。
　　　　特別活動や総合的学習は、もともと教科外学習の位置付けで、教科の枠を超えた横断的な学習展開が可能であり、逆に教科間や単元間等を関連付けやすいという特性がある。
　(2)　各教科等と、特別活動や総合的学習とは往還的な関係にあること。
　　　　各教科等で身に付いた知識・技能・理解等が特別活動や総合的学習で生かされ、特別活動や総合的学習で身に付いた学び方、生き方等が各教科での学習に生かされるという往還的な相互作用がある。
　(3)　特別活動や総合的学習で体験する課題解決型の学習が、教科等の学び方の授業改善につながること。
　　　　自ら課題を見付けて問を立て、それをよりよく解決するにはどうしたらよいかを考え行動する学習過程は、各教科等で児童生徒を主体に置いた授業を改善・創造することに効果を及ぼす。
の三点にまとめられる。

　予測が困難な時代にあっても、児童生徒が持続可能な社会の創り手であるためには、問題発見・解決能力等の資質・能力の育成が不可欠である。そのためにも、特別活動や総合的学習を中核に位置付けた教育課程

を編成することが求められている。

第２節

特別活動と総合的学習との関連

① それぞれの目標及び目指す資質・能力

　特別活動と総合的学習については、しばしば混同されたり、同一視されたりすることが見受けられる。確かに、各教科等のねらいが「主として知識や技能の習得と、科学的な思考や認識を育成する」ことにあるのに対して、特別活動や総合的学習のねらいが「主として人間としての望ましい生き方、学び方、態度、習慣を育成する」ことにある点では類似性がある。しかし、特別活動と総合的学習は、それぞれ固有の教育的な意義、価値、ねらい、役割、内容等を有している。学習指導要領で示されている目標等にも、その違いは明確である。

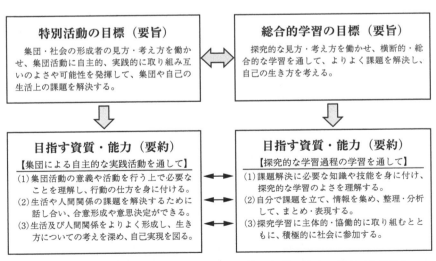

図1-2　特別活動と総合的学習の目標や目指す資質・能力の比較（中学校）

② **目標の背景にある教育の今日的課題**

　近年、児童生徒を取り巻く状況は、急激に変化をしている。この変化は、今後も加速度的に激しさを増すと言われている。このような現状にあって、これからの教育には次の二つの今日的課題があり、その解消が求められている。

　一つには、この変化の大部分が、子どもたちの生活に便利さ、豊かさ、潤いをもたらせた一方で、人との関わり方を学ぶ機会を激減させるという課題が生じた。それに応える教育の場として期待されるのが、人間関係形成力、社会参画、自己実現をねらいとする特別活動である。

　二つには、予測困難な未来社会に、自ら主体的に生きる力を身に付ける教育がより以上に必要とされる状況となった。その求めに応えることができるのが、自ら課題を見付け、自ら考え、自ら解決する力を育成する総合的学習である。

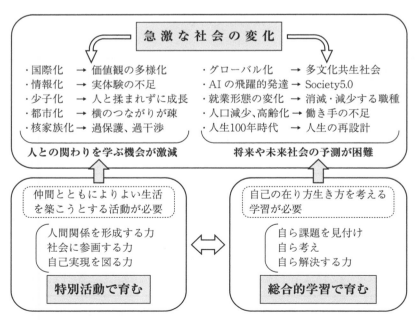

図1-3　急激な社会変化に対応する力を育む特別活動、総合的学習

③　特別活動と総合的学習の共通点・相違点

　特別活動と総合的学習は、本来異なる特質を有する教育活動である。しかし、全く独立した個別の教育活動ではなく、特別活動での集団による自主的な実践活動の体験が総合的学習に生かされ、総合的学習における探究的な学習過程の学びが特別活動に生かされる往還関係にある。この双方向的な関連が、相互の活動・学びを豊かなものにしている。以下、これまでに述べてきた以外の共通点と相違点の要点を挙げる。

【共通点】

・課題の設定が、児童生徒の興味・関心に基づいている。
・学習の過程が、体験的、問題解決的な学習を軸にしている。
・児童生徒の自主的・主体的、協働的な活動で学習が展開されている。
・体験や実践活動等、経験カリキュラムの性格をベースにしている。
・学級、学校、地域の実態によって授業の創意工夫が可能である。
・地域に開かれた教育活動、地域の人材を活用できる教育活動である。など

【相違点】

表1-2　【特別活動と総合的学習の相違点】

	特別活動	総合的学習
取り組む課題	主に生活上の課題	主に地域的、社会的な課題
学習の内容	内容が示されている （取り上げ方は各学校で工夫）	探究課題の例のみが示される （内容は各学校で設定する）
学習の形態	集団活動を通して	探究的な学習を通して
学習の方法	集団活動による体験活動	基本的には個々の体験活動
活動の特質	自主的・自治的な活動	横断的・協働的な活動
最終的なねらい	集団づくりと個の成長	主体的な課題解決力

など

特別活動と総合的学習の歴史的変遷

１　特別活動の変遷

　日本の学校制度が整い始めたのは、明治に入ってからである。当時は、欧米の近代知識や技能の習得に重きが置かれていた。勿論、現在の特別活動に相当する教育内容が存在していたわけではない。その中にあっても、指導者養成の学校で、演説討論活動や運動競技活動が採用され始めたのが、特別活動らしき活動のはしりと捉えることができる。

　例えば、運動会は、1874（明治7）年に東京築地の海軍兵学寮で英国人教師の提唱から始まったと言われている。種目は、豚のしっぽを捕らえる競走や、二人三脚のようなものだったらしい。4年後の1878（明治11）年には、北海道の札幌農学校で、かのW.クラーク博士によって行われた「遊戯会」で、パン食い競走が登場したとのことである。

　明治の中期以降になると、帝国主義的色彩の強い儀式（紀元節、天長節等）が執り行われるようになり、教練的な運動会、遠足、学芸会等も普及した。修学旅行は、1886（明治19）年に東京師範学校が学術研究を兼ねて行った千葉県への長距離行軍「長途遠足」がその始まりと伝えられる。

　大正に入ると、自由教育論や芸術教育論等の影響もあって、児童生徒の自主性や創造性を引き出すような自治活動、共同活動が行われるようになり、学校劇、展覧会、音楽会、林間学校なども広まった。

　昭和の初めから終戦までは、全体主義的な教育が行われていたが、1947（昭和22）年に民主主義に基づく教育基本法および学校教育法が制定され、同年に学習指導要領の試案が公表された。以後、学校教育は学習指導要領を教育課程の基準として展開されるようになった。学習指導要領は、幾度かの改訂を経て今日に至っている。その間、特別活動の名称も様々に変わりはしたが、集団活動、自主的活動、実践活動という本質的な特質は変わっていない。

表1-3　学習指導要領の改訂に伴う特別活動の変遷

改訂・年等	名　称	備　考
試　案 1947 年 （昭 22 年）	小中高：「自由研究」	・教科の発展としての自由な学習 ・クラブ組織による同好的な活動 ・当番、学級委員等の自治的活動
第 1 次改訂 1951 年 （昭 26 年）	小：「教科以外の活動」 中高：「特別教育活動」	・「自由研究」の発展的廃止 ・自発的活動中心の教科外の活動 ・教科外活動の教育課程化
第 2 次改訂 1958 ～ 60 年 （昭 33 ～ 35 年）	小中高：「特別教育活動」	・「学校行事等」とともに、教育課程に位置付く ・自発的活動、個性の伸長
第 3 次改訂 1968 ～ 70 年 （昭 43 ～ 45 年）	小中：「特別活動」 高：「各教科以外の教育活動」	・中高のクラブ活動必修化（週1） ・「特別教育活動」と「学校行事等」を統合
第 4 次改訂 1977・78 年 （昭 52・53 年）	小中高：「特別活動」	・ゆとりの時間の一部を活用可 ・自主的、実践的な態度の育成 ・勤労体験的学習の取り入れ
第 5 次改訂 1989 年 （平元年）	小中高：「特別活動」	・小中に「学級活動」が新設 ・高の HR が「HR 活動」に改称 ・中高のクラブ活動において部活動での代替措置が認められる
第 6 次改訂 1998・99 年 （平 10・11 年）	小中高：「特別活動」	・総合的な学習の時間の創設 ・中高のクラブ活動が廃止 ・生きる力の育成
第 7 次改訂 2008・09 年 （平 20・21 年）	小中高：「特別活動」	・60 年振りの教育基本法改正 ・目標に「人間関係形成」の文言 ・ガイダンス機能の充実
第 8 次改訂 2017・18 年 （平 29・30 年）	小中高：「特別活動」	・キャリア教育の要として示された ・いじめの防止 ・部活動と教育課程との関連

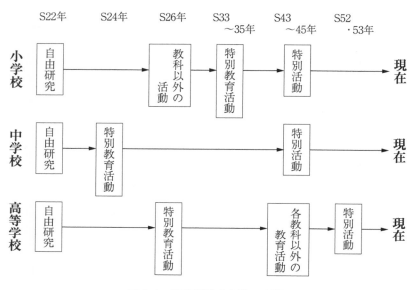

図1-4　特別活動の名称の変遷

②　総合的学習の変遷

　戦後70年以上続く経験学習か系統学習かの論争は、生きる力の育成をねらいとする総合的学習を、その両者が融合した学習として捉えることができる。

(1)　創設

　1996（平成8）年の中央教育審議会「21世紀を展望した我が国の教育の在り方について」（第1次答申）で、「ゆとり」の中で「生きる力」を育むことが提言された。そこでは、「生きる力」の重要な要素として、「いかに社会が変化しようと、自分で課題を見付け、自ら学び、自ら考え、主体的に判断し、行動し、よりよく問題を解決する資質や能力」の育成が挙げられた。これを受けて、1998・1999（平成10・11）年に改訂された小中高の学習指導要領の総則の中で創設されたのが総合的学習である。総合的学習は、社会の変化に主体的に対応できる資質や能力を育成するため

に、教科等を超えた横断的・総合的な学習として、小学校 3 年以上の各学年で実施されることになった。

その後、2003（平成 15）年の学習指導要領の一部改訂では、総合的学習の目標・内容を含めた学校としての全体計画の作成の必要性が記載された。

(2)　「目標」の明示

教育基本法、学校教育法の 60 年振りの改正を受けて、2008・2009（平成 20・21）年に改訂された学習指導要領で、総合的学習は前回の第 1 章総則での記述から、小は第 5 章、中高は第 4 章へと章を起こしての記述になった。したがって、前回で用いられていた「ねらい」表記から「目標」表記へと、各教科等と同一の体裁に整った。これによって、総合的学習の教育的な意義や目標がより明確になった。総合的学習の必要性と重要性が再確認され、知識基盤社会の時代に向けて、「生きる力」の理念がますます大切になることを物語っている。

教科等の枠を超えた横断的・総合的な課題について、各教科等で習得した知識・技能を相互に関連付けながら解決する、探究活動の質的な充実が求められた改訂であった。

(3)　学習過程の明確化

2017・2018（平成 29・30）年に改訂された学習指導要領では、総合的学習の本質が探究的な学習過程（課題の設定→情報の収集→整理・分析→まとめ・表現）であることが改めて強調された。同時に、他者と協働して主体的に取り組む学習活動である趣旨で、「協同的」が「協働的」に文言更改された。また、小学校の探究課題例にプログラミング体験（論理的思考力の育成）が追記された。

なお、今回の学習指導要領の改訂で、高等学校においての総合的学習の名称は、「総合的な学習の時間」から「総合的な探究の時間」に変更された。このことは、小中高の総合的学習は共通性と連続性があるものの、そこに特質の差異があることを意味している。すなわち、「総合的な学習

の時間」は、課題を解決することで自己の生き方を考えていく学びであるのに対して、「総合的な探究の時間」は、自己の在り方生き方と一体的で不可分な課題を自ら発見し、解決していく学びである。これは例えば、SDGs（持続可能な開発目標）を自分ごととして探究する取組や、SGH（スーパー グローバル ハイスクール）や SSH（スーパー サイエンス ハイスクール）での実践等に窺うことができる。

引用文献

1)　中央教育審議会初等中等教育分科会第100回　教育課程企画特別部会論点整理　配布資料『4　学習指導要領の理念を実現するための必要な方策』2015（平成27）年9月14日

参考文献

○　文部科学省『小学校学習指導要領（平成29年告示）解説　特別活動編』東洋館出版社　平成30年

○　文部科学省『中学校学習指導要領（平成29年告示）解説　特別活動編』東山書房　平成30年

○　文部科学省『高等学校学習指導要領（平成30年告示）解説　特別活動編』東京書籍　平成31年

○　文部科学省『小学校学習指導要領（平成29年告示）解説　総合的な学習の時間編』東洋館出版社　平成30年

○　文部科学省『中学校学習指導要領（平成29年告示）解説　総合的な学習の時間編』東山書房　平成30年

○　文部科学省『高等学校学習指導要領（平成30年告示）解説　総合的な探究の時間編』東京書籍　平成31年

○　文部科学省『中学校学習指導要領（平成29年告示）解説　総則編』東山書房　平成30年

○　文部科学省『今、求められる力を高める総合的な学習の時間の展開』教育

図書　2011（平成 23）年
○　渡辺邦雄『中学校教育課程講座　特別活動』ぎょうせい　2008（平成 20）年
○　広岡義之編著『新しい特別活動』ミネルヴァ書房　2015（平成 27）年
○　赤坂雅裕・佐藤光友編著『やさしく学ぶ特別活動』ミネルヴァ書房　2018（平成 30）年
○　中園大三郎・松田修編著『特別活動の理論と実践』学術研究出版　2018（平成 30）年
○　中園大三郎・松田修・中尾豊喜編著『総合的な学習・探究の時間の指導』学術研究出版　2020（令和 2）年
○　朝日新聞土曜刷り『サザエさんをさがして』　2011（平成 23）年 11 月 5 日、2014（平成 26）年 3 月 31 日
○　『総合教育技術』小学館　2018（平成 30）年 12 月号
○　文部科学省『初等教育資料』東洋館出版社　2017（平成 29）年 7 月号、同 12 月号、2019（平成 31）年 1 月号、同 2 月号、2020（令和 2）年 2 月号、同 3 月号
○　文部科学省『中等教育資料』学事出版　2017（平成 29）年 11 月号、2018（平成 30）年 11 月号、2020（令和 2）年 1 月号

小学校「学校行事・運動会」

コロナ禍と特別活動・総合的学習

　世界中を震撼させる新型コロナウイルス感染症の拡大は、学校教育や児童生徒の生活にも多大の影響を及ぼすものである。例えば、長期休校、分散登校、三密回避、ソーシャルディスタンスの確保、マスクの着用等、感染拡大防止のための新生活様式は、これまで当たり前だったことがそうではなくなり、様々な行事や活動が割愛、中止、延期、縮小、変更等を余儀なくされる。今回の学習指導要領改訂の目玉の一つである「主体的・対話的で深い学び（アクティブ・ラーニング）」も、思うような導入が困難になっている。とりわけ、体験活動や協働的な集団活動を大切にしている特別活動や総合的学習の展開には、学習効果を維持向上させるための新たな工夫が必要である。

　例えば、体験活動では、直接体験以外にも、間接体験、擬似体験、追体験等、多様な体験を組み合わせることが考えられる。集団活動では、オンラインで思考や意見の交流を図り、バーチャルな集団活動を模索する方策も考えられる。

　また、コロナウィルスと共生する with コロナ、さらには、ポストコロナの時代にあっても、特別活動や総合的学習には、取り組むにふさわしい題材、活動、探究課題の開発が常に求められる。

　特別活動では、学級活動(2)のウ「心身ともに健康で安全な生活態度の形成」、児童会・生徒会活動での自発的、自治的な感染防止活動、学校行事(3)の「健康安全・体育的行事」での健康に関する行事等の充実である。

　総合的学習では、現代的な諸課題に対応する課題として、福祉・健康に関することでコロナを探究したり、新しい生活様式に自己の課題を見付けたりする学びの充実である。これらは生き方を考えていくことそのものにつながる。

　コロナ禍という逆境において、自己実現を図ったり、生き方についての考えを深めたりすることは、特別活動や総合的学習の目標に見合うものと言える。

　なお、各学校では、教科学習の遅れを取り戻すことに躍起とならざるを得ない状況であるが、特別活動や総合的学習での課題解決学習の習熟は、主体的な学習態度の育成に結び付いていることを再確認しておきたい。

（天野義美）

第2章

特別活動の基礎・基本

特別活動の内容構成と目標

1　特別活動の内容構成

　今回の改訂により、特別活動の各内容においては、大枠の構成に変化はない。小学校では学級活動、児童会活動、クラブ活動、学校行事の4つの内容、中学校では学級活動、生徒会活動、学校行事の3つの内容、高等学校ではホームルーム活動、生徒会活動、学校行事の3つの内容で構成されている。

　各内容の目標は、下記の「特別活動の目標」を受けて設定されている。

2　特別活動の目標

　特別活動の目標は、小中高等学校の学習指導要領において次のように示されている。

表2-1　特別活動の目標[1]

第1目標
　集団や社会の形成者としての見方・考え方を働かせ、様々な集団活動に自主的、実践的に取り組み、互いのよさや可能性を発揮しながら集団や自己の生活上の課題を解決することを通して、次のとおり資質・能力を育成することを目指す。
(1)　多様な他者と協働する様々な集団活動の意義や活動を行う上で必要となることについて理解し、行動の仕方を身に付けるようにする。
　※小中高等学校とも同文　　　　　　　　　　　　　　　　[知識及び技能]
(2)　集団や自己の生活、人間関係の課題を見いだし、解決するために話し合い、合意形成を図ったり、意思決定したりすることができるようにする。
　※小中高等学校とも同文　　　　　　　　　　[思考力、判断力、表現力等]
(3)　自主的、実践的な集団活動を通して身に付けたことを生かして、集団や社会における生活及び人間関係をよりよく形成するとともに、自己の生き方についての考えを深め、自己実現を図ろうとする態度を養う。
　※小学校の場合　　　　　　　　　　　　　　[学びに向かう力、人間性等]
(3)　自主的、実践的な集団活動を通して身に付けたことを生かして、<u>集団や社会における</u>（主体的に集団や社会に参画し）生活及び人間関係をよりよ

く形成するとともに、人間としての<u>生き方</u>（在り方生き方）についての<u>考え（自覚）</u>を深め、自己実現を図ろうとする態度を養う。
※中高等学校の場合
　　下線部：中学校、（　）：高等学校　　　　　　［学びに向かう力、人間性等］

　新学習指導要領においては、汎用的な能力の育成を重視する世界的な潮流を踏まえ、全ての教科等の目標及び内容を「知識及び技能」、「思考力、判断力、表現力等」、「学びに向かう力、人間性等」の三つの柱に整理して示されていることを理解しなければならない。

③　特別活動で育成を目指す資質・能力の考え方

　特別活動においては、特別活動がこれまで教育課程上果たしてきた役割や特質を踏まえて、「人間関係形成」、「社会参画」、「自己実現」を指導する上において重要な三つの視点として示した。指導に当たっては、これらのことを踏まえ前述の三つの柱の資質・能力である「知識及び技能」、「思考力、判断力、表現力等」、「学びに向かう力、人間性等」の育成を目指すこととなった。

　したがって、特別活動の場合は、特別活動の目標に示されているように、「様々な集団活動を通す」ということ、「実践的な活動を重視する」という点を理解して、上記の三つの柱の資質・能力の育成を目指すことにある。

　すなわち特別活動では、様々な集団活動における各活動や学校行事の学習過程の中で、「思考力、判断力、表現力等」を活用しながら、多様な他者と課題解決に向けて話し合い、協働することで、様々な知識や技能が互いにつながり、実感の伴った生きて働く力となる。

　これらの力は学年が上がったり、さらに上級の学校に進んだりする中で、他の教科等で身に付けた力と特別活動で身に付けた資質・能力とが結び付き、より質の高い資質・能力となり、それらを生涯にわたって活

用し生かそうとする「学びに向かう力、人間性等」へと育成されていくと考えられている。

　なお、特別活動における各活動や学校行事の目標は、集団の特質や活動の過程の特徴を踏まえた活動を通して、三つの柱の資質・能力を育成することが示されている。学習指導要領には、告示上、各活動や学校行事の目標の中で育成することを目指す三つの資質・能力の表記は、「第1の目標に掲げている資質・能力を育成することを目指す。」と示されていることに留意しなければならない。

　次表において、全ての教科等で目指す三つの資質・能力に沿った「特別活動において育成すべき資質・能力」を示す。

表2-2　全ての教科等で目指す三つの資質・能力に沿った
　　　　「特別活動において育成すべき資質・能力」（小・中・高等学校）[2]

知識及び技能	思考力、判断力、表現力等	学びに向かう力、人間性等
○多様な他者と協働する様々な集団活動の意義の理解。 ○様々な集団活動をする上で必要となることについての理解や技能。	○所属する様々な集団活動や自己の生活上の課題を見いだし、課題解決に向けて話し合ったり、合意形成や意思決定をしたり、決まったことを実践し、よりよい人間関係が構築できる。	○自主的・実践的な集団活動を通して身に付けたことを生かして、集団生活（や社会）をよりよく形成しようとしたり、自己（人間として）の［在り方］生き方についての考え（自覚）を深めたり、自己実現を図ろうとする態度。 （注）下線部の説明 小：下線部の通り。ただし（　）及び［　］内を除く。 中・高：下線部の「自己」を（人間として）と読み替える。 高：下線部に［在り方］を追記する。

第 2 節

特別活動の教育活動全体における教育的意義

　特別活動は、様々な集団活動を実施するに当たり、活動の目標を設定し、目標達成のために方法や手段を考え、共通の目標に向けて協力しながら実践に取り組む一連の活動である。すなわち、特別活動の特質は「集団活動」や「自主的、実践的な活動」などであり、「児童生徒の活動」が重要な要件となっている。この児童生徒の活動を、より一層充実したものにするためには、指導者は児童生徒の発意・発想を大切にしながら、適切に指導や助言を行っていく必要がある。児童生徒はこれらの一連の活動において「なすことによって学ぶ」ことを通して、様々な資質・能力を身に付けることができ、特別活動での学びにより児童生徒の人格形成は促進され、教育活動全体の基盤になっていると言える。以下、①〜③は学習指導要領の内容を参考にして、④は調査研究資料を参考にして、特別活動の教育活動全体における意義を紹介する。

①　学級経営の充実を図る特別活動

　小・中学校学習指導要領第 1 章総則第 4 の 1 の (1)「学習や生活の基盤として、教師と児童生徒との信頼関係及び児童相互 (生徒相互) のよりよい人間関係を育てるため、日頃から学級経営の充実を図ること。」と示されている。

　同様に高等学校学習指導要領第 1 章総則第 5 款の 1 の (1) においても、日頃からのホームルーム経営の充実を図ることが求められている。

　また、小学校学習指導要領第 6 章特別活動第 3 の 1 の (3)、中学校学習指導要領第 5 章第 3 の 1 の (3)、高等学校学習指導要領第 5 章第 3 の 1 の (3) には、「学級活動 (ホームルーム活動) における児童 (生徒) の自発的、自治的な活動を中心として学級経営 (ホームルーム経営) の充実を図ること」と示されている。

　学級経営（ホームルーム経営）については、教師と児童生徒、児童生徒相互の人間関係をよりよいものにしたり、学級集団の質を高めたりすることが肝要である。そのためには、児童生徒が自発的・自治的に「よりよい生活や人間関係」を築くことを目指す特別活動を中心に据えながら、指導者が意図的・計画的に進めていくことが必要である。

　このようにして、よりよい生活や人間関係を築いたり、質の高い集団を育成したりすることは、各教科等の学習における「主体的・対話的で深い学び」を実現していくための基盤となる活動になると考えられる。

② 各教科等の学びを実践につなげる特別活動

　特別活動は集団や自己の課題を発見し、解決するために方法や手段を話し合い、決まったことを基にみんなで協力し実践する一連の活動の中で、各教科等で身に付けた資質・能力を総合的に働かせることで、実際の生活に生きて働く力にすることができる。

　キャリア教育については、学校教育全体を通して身に付けていくべきものである。このことについて、今回の改訂により、小中高の学習指導要領第1章総則第4の1の(3)は「児童生徒が、学ぶことと自分の将来とのつながりを見通しながら、社会的・職業的自立に向けて必要な基盤となる資質・能力を身に付けていくことができるよう、特別活動を要としつつ各教科等の特質に応じて、キャリア教育の充実を図ること。」と示された。すなわち、児童がこれまでの学校教育全体で経験したり学んだりしたことを、キャリア形成につなげていくための要として特別活動が重要な役割を果たすことが求められている。

③ 学級や学校の文化を創造する特別活動

　特別活動は児童生徒の自発的・自治的な実践活動を通して、楽しく豊かな学級・学校生活を築くことができる。このような活動を繰り返し積み重ねていくことにより、児童生徒は学級活動・ホームルーム活動を通し

て学級生活に主体的に参画できるようになる。また、児童会・生徒会活動、クラブ活動、学校行事を通して、よりよい人間関係を築いたり、協働することの大切さに気付いたりする中で、より楽しく豊かな学級・学校文化を創造することができる。すなわち、特別活動では児童生徒の活動の過程を通して、どのような資質・能力を育成していくのかを大切にしながら、児童生徒が発展的に新しいものを創造していくことが求められている。

④　各教科等の学力向上を図ることのできる特別活動

　国立教育政策研究所が調査した「全国学力・学習状況調査」の結果から特別活動と各教科等の学力には、高い相関関係のあることが明らかにされた。以下にその結果の一部を特別活動の目標で整理された (1) 人間関係形成 (2) 社会参画 (3) 自己実現の視点から紹介する。

(1)　「友達と話し合うとき、友達の考えを受け止めて、自分の考えをもつことができますか」、「友達と話し合うとき、友達の話や意見を最後まで聞くことができますか」の質問では、肯定的回答は平均 91 ポイントであり、ほとんどの生徒が、人の話を聞いたりまとめたりすることができると回答している。

(2)　「地域や社会で起こっている問題や出来事に関心がありますか」の肯定的回答は 60.1 ポイントであるが、関心のある児童生徒ほど、学力に高い傾向がみられる。

(3)　「将来の夢や目標をもっていますか」の質問に対して肯定的な回答は、小学生 85.1 ポイントである。中学生では 72.5 ポイントと低くなっている。その内、自己肯定感が高い生徒ほど学力に高い結果が出ている。

　以上のほかにも、文部科学省が調査した「平成 24 年度学習指導要領実施状況調査」（小学校特別活動）によると、特別活動に関する児童質問紙に肯定的な回答をしている児童が多い学級ほど、そして教師質問紙調査に肯定的な回答をした教師の指導を受けている学級ほど、教科のペーパー

テストで平均正答率が高い傾向がみられる。このことから、特別活動の体験を通して学んでいるよりよい生活や人間関係づくりは、各教科等の学力と相互に関係しており、特別活動の教育的意義を理解することができる。

特別活動で育まれる資質・能力

特別活動で育まれる資質・能力は、各教科と同様に「知識及び技能」、「思考力、判断力、表現力等」、「学びに向かう力、人間性等」の三つの柱である。したがって、特別活動においては、これまで教育課程上果たしてきた役割を踏まえて、特別活動の重要な「人間関係形成」、「社会参画」、「自己実現」の三つの視点から、上記三つの柱である資質・能力を育成しなければならない。

表2-3　　特別活動を指導する上で重要な三つの視点[3]

人間関係形成	社会参画	自己実現
○集団の中で、人間関係を自主的、実践的によりよいものへと形成する視点である。 ○集団の中において、課題の発見から実践、振り返りなど特別活動の学習過程全体を通して、個人対個人、個人と集団という関係性の中で育まれる。 ○属性、考え方や関心、意見の違いなどを理解した上で認め合い、互いのよさを生かす関係をつくることが大切である。	○よりよい学級・学校づくりなど、集団や社会に参画し、様々な問題を主体的に解決しようとする視点である。 ○自発的・自治的な活動を通して、個人が集団に関与する中で育まれる。 ○学校内の様々な集団における活動に関わることが、地域や社会に対する参画、持続可能な社会の担い手となっていくと考えられる。	○集団の中で、現在および将来の自己の生活の課題を発見し、よりよく改善しようとする視点である。 ○自己の理解を深め、自己のよさや可能性を生かす力、自己の在り方生き方を考え設計する力など、個々人が共通して当面する現在および将来に関する課題を考察する中で育まれる。

　なお、特別活動の指導で重要である三つの視点「人間関係形成」「社会参画」「自己実現」と各教科の目標及び内容で示されている「資質・能力」である「知識及び技能」、「思考力、判断力、表現力等」「学びに向かう力、人間性等」の三つの柱との関係について、杉田洋（國學院大學教授）は、「あえて単純に整理すると次の表のように捉える事もできる。」と説明している。その内容は大変参考になるので次に示す。

表2-4　特別活動で育まれる「三つの柱の資質・能力」と特別活動の指導で重要な「三つの視点」の関係 [4]

三つの柱／三つの視点	知識及び技能	思考力、判断力、表現力等	学びに向かう力、人間性等
人間関係形成	多様な人と協働して活動する意義の理解やそのための方法	互いの意見や考えの違いを尊重し、互いのよさや可能性を生かす関係をつくること	社会的集団における人間関係を、自主的、実践的によりよいものへと形成しようとすること
社会参画	自発的、自治的な集団活動の意義や活動を行う上で必要な合意形成するための方法	学級や学校の集団の生活の課題を見いだし、解決するために話し合い、合意形成を図ること	学級や学校の集団や活動に参画し、問題解決を主体的に解決することを通して、よりよい社会や生活を創造しようとすること
自己実現	自己実現に必要な自己理解を深め、意思決定するための方法	自己のよさや可能性を生かし、自己の在り方生き方を考え、設計するなどの意思決定ができること	現在及び将来の自己の生活の課題を発見し、目標を決めて取り組み、自己の可能性を拓こうとすること

　　※　表題及び「三つの柱」「三つの視点」は筆者が追記

特別活動の主な特質

　特別活動における特質（基礎・基本）には、集団性、社会性、自主性、自治性、実践性、体験性、総合性、個性、非日常性、創造性、そして自己実現などが挙げられる。いずれも「生きる力」の中核となる豊かな人間性を育成する資質・能力になるものである。本節では紙面の関係で、以下の特質を取り上げ説明する。

① 集団活動である

　集団活動は、他の教科には見られない特別活動の用語である。1968（昭和 43）年～ 1970（昭和 45）年の学習指導要領改訂以後、小学校から高等学校まで特別活動の目標には「望ましい集団活動」が掲げられ、2017（平成 29）年・2018（平成 30）年の改訂で記述が改められるまで、特別活動の基本的な性格を表すものになっていた。

　近年、社会のグローバル化や情報化の進展に伴い、他者と協働する実践的な態度の育成が教育課題となり、豊かな学校生活を目指した集団活動の充実が期待されている。児童生徒は、様々な集団に所属し、活動することにより、人間関係を広げ、豊かな生活経験を得る。そして、集団活動を通して、思いやりの心やともに生きる態度、自己責任の感覚、自律の心等の豊かな人間性や社会性を身に付けることができるのである。

　小・中・高等学校の学習指導要領に示される特別活動の学級活動・ホームルーム活動、児童会・生徒会活動、クラブ活動（小）、学校行事には、それぞれに集団活動の特質がある。学級活動・ホームルーム活動は、学級集団による集団活動であり、児童会・生徒会活動は、異年齢の集団活動である。クラブ活動も、同じ興味・関心をもった主として小学 4 年生以上の児童による集団活動であり、学校行事は、学年・学校全体で行う集団活動である。特別活動の実践では、児童生徒が様々な小集団に分か

れ、自発的・自治的な集団や教師が意図的に編成した集団等、多様な集団活動を体験することもできる。

　特別活動では、こうした様々な集団活動の場と機会を教師が計画し、望ましい集団活動を充実させ、児童生徒一人一人の学びが発展されるような指導が行われることが求められている。

② 自主的な活動である

　新しい学習指導要領では、特別活動の目標に様々な集団活動に自主的、実践的に取り組むことが示されている。この自主的、実践的な活動は、1958（昭和33）年の特別教育活動であった時代から引き継がれ、特別活動の根幹をなすものなのである。

　自主的な活動とは、他者から干渉や保護を受けることなく自分の意志で活動することであり、特別活動が育てようとする資質・能力は、児童生徒が自ら考え、高めていくような自主的な活動を通して育成されるものである。自主的な活動を充実させるため、教師は児童生徒が自ら取り組み、充実感や達成感をもつことができるような環境づくりに努めることが必要である。そして、児童生徒が自ら考え、判断し、生活上の課題と向き合うことができるようにすることが重要である。さらに、教師は児童生徒の自主的で協働的な活動を具体的に称賛し、一人一人の状況に応じた適切な指導を行う等、児童生徒が自主的に取り組むことができるような配慮をすることを忘れてはならない。こうした教師の取組が、児童生徒の自主的な活動を推進することにつながるのである。

③ 実践的な活動である

　特別活動は、体験的な活動であると同時に、実践的な活動である。特別活動の目標でも、自主的、実践的な活動と並べて表記されているように自主的な活動であることと合わせて、実践的な活動であることも特別活動の重要な特質である。実践的な活動とは、学級や学校生活の充実・

向上を目指して、自分たちの力で諸問題の解決に向けて具体的な活動を実践することであり、特別活動の目標に示されている (1) から (3) の資質・能力は、集団活動における自主的、実践的な活動を通して、初めて身に付くものである。

　児童生徒は、学級や学校生活の充実・向上を目指して、自分たちの力で諸問題の解決に向けて具体的な活動を実践しなければならない。そして、教師には児童生徒の実践を前提として、それらを助長する指導が求められる。

　特別活動の各活動及び学校行事は、一人一人の児童生徒の学級や学校生活等における諸問題への対応や解決をするために、自主的かつ実践的に学ぶことができるような活動内容で構成される必要がある。集団活動の中で、児童生徒が集団の一員として学級や学校生活の充実・向上のため、課題を発見し、解決に向けて話し合い、合意形成を図ったり、意思決定をしたりすることが、特別活動の自主的、実践的な活動となり得るのである。

④　自発的、自治的な活動である

　自発的な態度は、本来すべての子どもたちがもっているものであり、他からの影響や教えなどによらず、ものごとを自分から進んで行おうとすることである。また自治的活動は、自分の所属する集団の生活を向上・発展させるために、集団の問題を明らかにし、自分たちの力で活動の方向性やルールを決定し、それに基づいてみんなが協力して目標を達成していく自主的な集団活動といわれる。

　学校教育においては、自発的、自治的な集団活動を通して、集団生活における役割分担で自らの義務と責任を果たすことや、話合い活動での進め方、自己主張や集団決定の在り方など、自分の意思を集団に反映させるための自治的能力の育成に力を注ぐことが大切である。

　児童生徒の自発的、自治的な活動の助長には、児童生徒の主体的な活

動場面をできるだけ多く取り入れること、合意形成のための話合い活動の充実や実践活動の場・機会と時間の確保、そして評価や励まし等の工夫が必要である。

5　社会性の育成を図る

　社会性は、社会生活を営む資質・能力であり、「聴く」「話す」「接する」など他人とうまく関わるための基礎的な力であり、子どもの社会性は、小さいうちから育むことが大切と言われる。現代社会は、少子化、情報化が著しく、社会性の育成は大きな課題になっており、社会性を育む特別活動への期待はますます大きなものがある。

　2008（平成20）年の学習指導要領改訂の基礎となる中央教育審議会答申の基本方針では、「望ましい集団活動や体験的な活動を通して、豊かな学校生活を築くとともに、公共の精神を養い、社会性の育成を図る」ことが特別活動の特性であると言及されている。

　したがって、これからの特別活動における社会性の育成では、子どもたちの社会化の変化に伴った理解を深め、実践としての特別活動という観点から、特別活動の各内容を見直すことが大切である。とりわけ、社会性の根幹となる豊かな人間関係づくりを醸成する様々な集団活動の指導の工夫が望まれる。

引用文献

1)　文部科学省『小学校学習指導要領（平成29年告示）解説　特別活動編』東洋館出版社　平成30年　p11

　　文部科学省『中学校学習指導要領（平成29年告示）解説　特別活動編』東山書房　平成30年　p11

　　文部科学省『高等学校学習指導要領（平成30年告示）解説　特別活動編』東京書籍　平成31年　p11

2)　文部科学省中央審議会資料

3)　文部科学省『小学校学習指導要領解説　特別活動編』東洋館出版社　平成
29 年　pp12-13

4)　杉田洋編著『小学校学習指導要領ポイント総整理　特別活動』東洋館出版
社　2017 年　p29

参考文献

○　中園大三郎・松田修編著『特別活動の理論と実践』学術研究出版　2019 年

○　平塚益徳、沢田慶輔、吉田昇編著『教育辞典』小学館　昭和 43 年

○　国立教育政策研究所『平成 29 年度　全国学力・学習状況調査報告書』
2017 年

○　国立教育政策研究所『平成 30 年度　全国学力・学習状況調査報告書』
2018 年

○　文部科学省『平成 24 年度　学習指導要領実施状況調査』（小学校特別活動）
2012 年

○　日本特別活動学会編『新訂　キーワードで拓く新しい特別活動』東洋館出
版社　2010 年

中学校「学校行事－勤労生産・奉仕的行事」

知識基盤社会における主要能力「キー・コンピテンシー」

　21世紀は、新しい知識、情報、技術が政治、経済、文化をはじめ社会のあらゆる領域での活動の基盤として飛躍的に重要性を増しており、「知識基盤社会」の時代である。知識基盤社会は、変化が激しく、常に、新しい課題に試行錯誤しながらも対応することが求められる社会である。

　このような時代について、OECD（経済協力開発機構）は、1997（平成9）年から6年間かけたプロジェクトを通じて、すべての人に必要な力として、三つのキー・コンピテンシー（主要能力＝国際標準学力）として、「社会に参画するために必要な手段を相互作用的に活用する能力」「多様な社会グループにおける人間関係形成能力」「主体的に行動する能力」を提起した。そして、このキー・コンピテンシーを世界共通指標で測定するために15歳を対象とした学習到達度調査（PISA）が開始されている。共通テストでは、社会を生き抜く学力として①基礎的・基本的な知識・技能の明確化、②知識・技能を活用して課題を解決するために必要な思考力・判断力・表現力等、③学習意欲を評価している。

　OECDの提唱は、それまでに学んだ知識や技能ではなく、これから何ができるかという能力を図る学力観の転換であり、我が国の学習指導要領で取り上げられている「生きる力」は、OECDによるキー・コンピテンシーを先取りしている。

参考文献

今西幸蔵『生徒指導において国際標準学力をどう育成するか－特別活動とキー・コンピテンシーの関係を考察する－』JASEA（日本特別活動学会）近畿サークル研究会配布資料 2008年3月1日

（中園貴之）

コラム③

特別活動における「指導計画」と「活動計画」の違い

　特別活動には、指導計画と特別活動特有の活動計画があり、双方の違いを理解して適切な指導に当たらなければならない。

　指導計画は、特別活動の目標を達成するために、教師の意図的、計画的な構想に基づき、学級や児童生徒の実態を考慮して、指導の内容や方法などを記載して作成する計画のことである。指導計画には、「全体計画」、「年間指導計画」、「各内容の指導計画」、「1単位時間の指導計画」（学習指導案）などがある。児童生徒の自主的、実践的な活動を助長するために、弾力性・融通性が必要である。

　活動計画は、教師の適切な指導のもとで、児童生徒の自主的、実践的な活動を展開していくために、児童生徒自らが意見や願いを生かしながら作成する計画のことである。学級活動・ホームルーム活動（1）、児童会活動、生徒会活動、クラブ活動における活動計画は、児童生徒が自主的に立てる一方で、学級活動・ホームルーム活動（2）（3）、学校行事における活動計画は教師の主体的で適切な指導が必要である。

　以上の通り、特別活動では、児童生徒の自発的、自治的な活動過程を大切にして、自主的、実践的な活動を助長するため、児童生徒の手によって一層具体的な活動計画を作成し、教師の一方的な指導にならないようにしなければならない。

参考文献
中園大三郎・松田修編著『特別活動の理論と実践』学術研究出版　2019年

（中園貴之）

第3章

学級活動 (小・中学校)・
ホームルーム活動 (高等学校) の
目標・内容・指導

第1節

学級活動・ホームルーム活動の目標・内容

　学級活動・ホームルーム活動は、よりよい学級づくりを目指す自主的活動であり、特別活動の〝基盤〟となる活動である。指導計画を立てる際は、特別活動の他領域との相互関連を図りながら、目標の達成を目指すことが必要である。次に、学級活動・ホームルーム活動の目標・内容[1]を示す。

［小学校学級活動の目標と内容］

① 学級活動（小学校）の目標

> 　学級や学校での生活をよりよくするための課題を見いだし、解決するために話し合い、合意形成し、役割を分担して協力して実践したり、学級での話合いを生かして自己の課題の解決及び将来の生き方を描くために意思決定して実践したりすることに、自主的、実践的に取り組むことを通して、第1の目標に掲げる資質・能力を育成することを目指す。

※下線部分、「第1の目標に掲げる資質・能力」とは(1)「知識及び技能」、(2)「思考力、判断力、表現力等」、(3)「学びに向かう力、人間性等」のことである。

② 学級活動（小学校）の内容

　学級活動の目標に示された資質・能力を育成するため、全ての学年で各活動の意義及び活動を行う上で必要な事項を理解し、主体的に考えて実践できるように指導する。

（1）　学級や学校における生活づくりへの参画

　　ア　学級や学校における生活上の諸問題の解決

　　　　学級や学校における生活をよりよくするための課題を見いだし、解決するために話し合い、合意形成を図り実践すること。

　　イ　学級内の組織づくりや役割の自覚

　　　　学級生活の充実や向上のため、児童が主体的に組織をつくり役

割を自覚しながら仕事を分担して、協力し合い実践すること。

　ウ　学校における多様な集団の生活の向上

　　児童会など学級の枠を超えた多様な集団における活動や学校行事を通して学校生活の向上を図るため、学級としての提案や取組を話し合って決めること。

(2)　日常の生活や学習への適応と自己の成長及び健康安全

　ア　基本的な生活習慣の形成

　　身の回りの整理や挨拶などの基本的な生活習慣を身に付け、節度ある生活にすること。

　イ　よりよい人間関係の形成

　　学級や学校の生活において互いのよさを見付け、互いを尊重し合い、仲よくしたり信頼し合ったりして生活すること。

　ウ　心身ともに健康で安全な生活態度の形成

　　現在及び生涯にわたって心身の健康を保持増進することや、事件や事故、災害等から身を守り安全に行動すること。

　エ　食育の観点を踏まえた学校給食と望ましい食習慣の形成

　　給食の時間を中心としながら、健康によい食事のとり方など望ましい食習慣の形成を図るとともに、食事を通して人間関係をよりよくすること。

(3)　一人一人のキャリア形成と自己実現

　ア　現在や将来に希望や目標をもって生きる意欲や態度の形成

　　学級や学校での生活づくりに主体的に関わり、自己を生かそうとするとともに、希望や目標をもち、その実現に向けて日常の生活をよりよくしようとすること。

　イ　社会参画意識の醸成や働くことの意義の理解

　　清掃などの当番活動や係活動等の自己の役割を自覚して協働することの意義を理解し、社会の一員として役割を果たすために必要となることについて主体的に考えて行動すること。

ウ　主体的な学習態度の形成と学校図書館等の活用

　　学ぶことの意義や現在及び将来の学習と自己実現とのつながり
　を考えたり、自主的に学習する場としての学校図書館等を活用し
　たりしながら、学習の見通しを立て振り返ること。

次に学級活動（中学）とホームルーム活動（高校）の目標・内容 [2]を示す。

[学級活動（中学校）・ホームルーム活動（高等学校）の目標・内容]
① 学級活動（中学校）・ホームルーム活動（高等学校）の目標・内容

表3-1　中学校（学級活動）・高等学校（ホームルーム活動）の目標・内容

中学校（学級活動）	高等学校（ホームルーム活動）
[目標] 　学級や学校での生活をよりよくするための課題を見いだし、解決するために話し合い、合意形成し、役割を分担して協力して実践したり、学級での話合いを生かして自己の課題の解決及び将来の生き方を描くために意思決定して実践したりすることに、自主的、実践的に取り組むことを通して、第1の目標に掲げる資質・能力を育成することを目指す。	[目標] 　ホームルームや学校での生活をよりよくするための課題を見いだし、解決するために話し合い、合意形成し、役割を分担して協力して実践したり、ホームルームでの話合いを生かして自己の課題の解決及び将来の生き方を描くために意思決定して実践したりすることに、自主的、実践的に取り組むことを通して、第1の目標に掲げる資質・能力を育成することを目指す。
[内容] 　1の資質・能力を育成するため、全ての学年において、次の各活動を通して、それぞれの活動の意義及び活動を行う上で必要となることについて理解し、主体的に考えて実践できるよう指導する。 (1)　学級や学校における生活づくりへの参画 　ア　学級や学校における生活上の諸問題の解決 　イ　学級内の組織づくりや役割の自覚	[内容] 　1の資質・能力を育成するため、全ての学年において、次の各活動を通して、それぞれの活動の意義及び活動を行う上で必要となることについて理解し、主体的に考えて実践できるよう指導する。 (1)　ホームルームや学校における生活づくりへの参画 　ア　ホームルームや学校における生活上の諸問題の解決 　イ　ホームルーム内の組織づくりや役割の自覚

ウ　学校における多様な集団の生活の向上 (2)　**日常の生活や学習への適応と自己の成長及び健康安全** 　ア　自他の個性の理解と尊重、よりよい人間関係の形成 　イ　男女相互の理解と協力 　ウ　思春期の不安や悩みの解決、性的な発達への対応 　エ　心身ともに健康で安全な生活態度や習慣の形成 　オ　食育の観点を踏まえた学校給食と望ましい食習慣の形成 (3)　**一人一人のキャリア形成と自己実現** 　ア　社会生活、職業生活との接続を踏まえた主体的な学習態度の形成と学校図書館等の活用 　イ　社会参画意識の醸成や勤労観・職業観の形成 　ウ　主体的な進路の選択と将来設計	ウ　学校における多様な集団の生活の向上 (2)　**日常の生活や学習への適応と自己の成長及び健康安全** 　ア　自他の個性の理解と尊重、よりよい人間関係の形成 　イ　男女相互の理解と協力 　ウ　国際理解と国際交流の推進 　エ　青年期の悩みや課題とその解決 　オ　生命の尊重と心身ともに健康で安全な生活態度や規律ある習慣の確立 (3)　**一人一人のキャリア形成と自己実現** 　ア　学校生活と社会的・職業的自立の意義の理解 　イ　主体的な学習態度の確立や学校図書館等の活用 　ウ　社会参画意識の醸成や勤労観・職業観の形成 　エ　主体的な進路の選択決定と将来設計

※　学級活動・ホームルーム活動の内容は、それぞれの特質に応じて上表内に示す通り、(1)、(2)、(3)に分類される。この内容は、何れの学年においても取り扱うものとされている。

第2節

学級活動・ホームルーム活動の学習過程

　学習指導要領解説特別活動編では、学級活動・ホームルーム活動の学習過程が以下の様に図示されている。各過程でのどの様な活動を行うかが具体的に記されている。

① 学級活動（小学校）の学習過程

(1) 学級活動（小学校）内容(1)

　　学級活動の内容(1)は、「児童による自発的、自治的な実践活動」である。その活動を適切に支援援助するため、事前の活動である「計画委員会」、本時の活動である「学級会」の取組が極めて大切である。

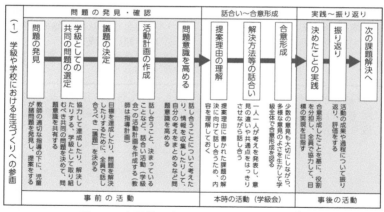

図3-1　小学校　学級活動（1）の学習過程 [3]

(2) 学級活動（小学校）内容(2)、(3)

　　学級活動の内容(2)、(3)は、意図的、計画的な指導で、児童の実態に即した教師の指導が必要である。児童の自治的活動の範囲を超えた課題や人権に関わる課題等を扱う場合は、教師が主導する方がより

適切な指導になりやすい。ただ、内容(2)、(3)でも「なすことによって学ぶ」という特別活動の特質は重要である。それゆえ、事前の活動「アンケート」等により、本時で活用を図ることは児童の自主的課題解決を促す有効な指導である。さらに、アンケート作成、集約、整理等の作業を児童とともに実施することは、児童の意識を高め課題の把握促進に非常に役立つ。

　以下に、学級活動の内容(2)、(3)の学習過程を示す。

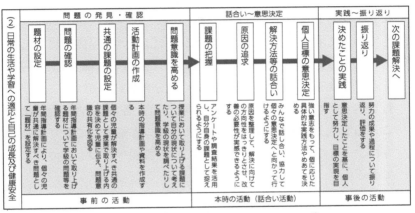

図3-2　小学校　学級活動 (2) の学習過程[4]

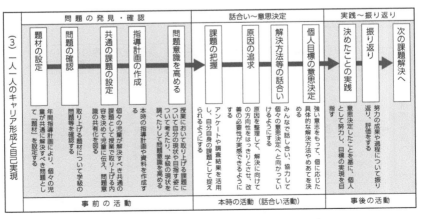

図3-3　小学校　学級活動 (3) の学習過程[5]

② 学級活動（中学校）・ホームルーム活動（高等学校）の学習過程

(1) 学級活動（中学校）・ホームルーム活動（高等学校）の内容(1)

　　図3-4・5の学習過程内、①「問題の発見・確認」では、学校や学級生活をよりよくするため、生徒たちが共同で取り組む課題を見いだす。「議題」は教師の適切な指導により生徒が提案し、集団生活に関わる諸問題への対応、生徒会活動や学校行事への参加や協力の在り方等の内容を取り上げる。②「解決方法の話合い」や③「解決方法の決定」では、議題の提案理由を基に、一人一人の思いや願いも大切にしながら意見を出し合い、分類、比較して学級・ホームルームとしての考えをまとめていく。合意形成においては、課題に対して一人一人が自分なりの意見や意思をもって話合いに臨む必要がある。そして合意形成に基づく実践では、自分自身に何ができるか、何を行うべきかを主体的に考え活動に取り組む必要がある。④「決めたことの実践」とは、生徒が合意形成に基づき協働して取り組むとともに、一連の活動を⑤「振り返り」、次の課題へとつなげていくものである。

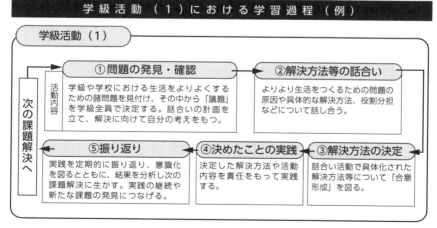

図3-4　中学校　学級活動（1）の学習過程[6]

ホームルーム活動（１）における学習過程（例）

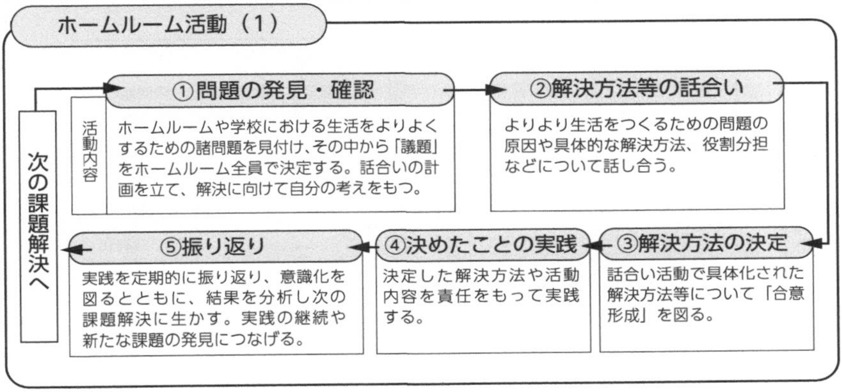

図3-5　高等学校　ホームルーム活動（1）の学習過程[7)]

⑵　学級活動（中学校）・ホームルーム活動（高等学校）の内容⑵、⑶

図3-6･7図内の①「問題の発見・確認」とは、「題材」に基づく資料やアンケート結果から生徒一人一人が日常生活や将来に向けた自己の生き方や進路等の問題を確認し、取り組むべき課題を見いだし解決の見通しをもつことである。題材例として将来の目標と自分の生き方、地域防災などが挙げられる。②「解決方法等の話合い」③「解決方法の決定」では、話合いを通じ相手の意見を聞き、自分の考えを広げて課題の解決方法を決める「意思決定」までの過程が示されている。④「決めたことの実践」⑤「振り返り」では、決めたことを粘り強く実践する、一連の活動を振り返って成果や課題を確認する、更なる課題の解決に取り組もうとする意欲を高めることが重要である。

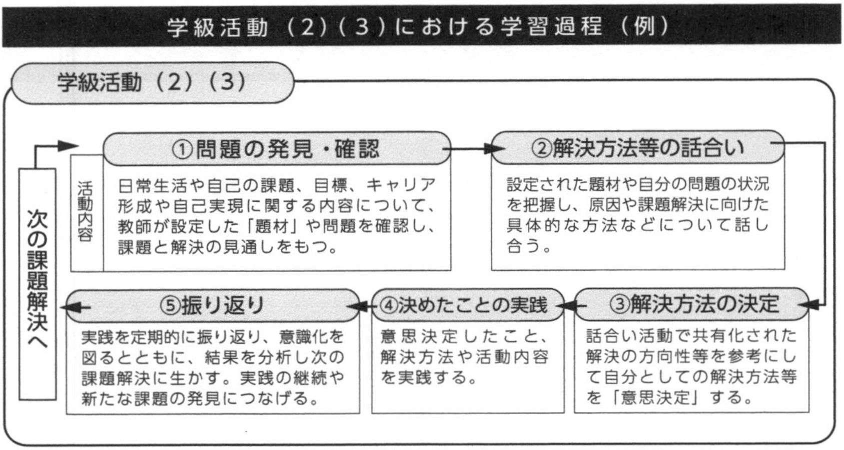

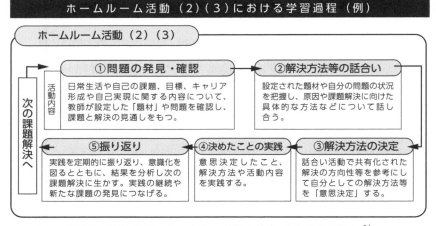

図3-6　中学校　学級活動（2）、（3）の学習過程[8]

図3-7　高等学校　ホームルーム活動（2）、（3）の学習過程[9]

第3節

話合い活動における合意形成と意思決定のあり方

　近年、様々な意見の根底をなす考え方や価値等について、議論を通じ

て顕在化を図り、相互に納得できるように導いていく「合意形成」や「意思決定」が重視されている。学校内の問題をしっかり議論し、よりよい「納得解」を得ていくためには合意形成（コンセンサス）は欠かせない。

　「合意形成」や「意思決定」は、学校の話合いでも重視されていることは学習指導要領解説特別活動編の内容からも明らかであり、その概要を次に示す。

> 　学級活動・ホームルーム活動(1)は、成員の話合いにより「集団決定」がなされる。その際、納得解を求めるために意見をまとめていく過程で「合意形成」が図られる。学級活動・ホームルーム活動(2)(3)は、集団での話合いをもとに個人の意思を決定していく。それを「意思決定」と呼ぶのである。

　以上の合意形成に基づいた「意思決定」を行うこと、つまり合意形成型の意思決定の実践が重視されている。

　なお今回の学習指導要領の改訂において、「自己決定」が「意思決定」という表現に変更された。それは児童生徒が主体的に考えを決めることの大切さに加え、決定過程での精密な情報収集、分析による「さらなる客観性や合理性」が求められた所以であると考える。その実現のためには、意思決定に至る過程で、教師として次の支援・援助が必要となる。

① 児童生徒が「意思決定」に至るまでの指導（例）

(1)　「合意形成」の理解を深める

　　対立した諸案を安易な多数決に依らず、適切にまとめていく力を身に付けることは、話合い活動の重要な課題である。各々が合意できる部分を見いだし、話をまとめていく「合意形成」の力は、実効性のある話合いを進めていく非常に大切な資質・能力である。適度な批判的思考力をもち、他者の意見も受け入れつつ自分の考えも主張できるようにすることや、異なる意見や意思をもとに様々な解決の方法を模索し、問題を多面的・多角的に考え解決方法について合意

形成を図ることの大切さを指導していく。

(2)　**よりよい「集団決定」や「意思決定」の在り方を理解できるようにする**

○　学級活動・ホームルーム活動(1)においてよりよい集団決定を行うためには、各人がその議題をしっかり考え、各自の最適解を導き出すことが大切である。そのためには、議題に対する把握や解決のための情報収集や分析、判断の妥当性等を個人としてしっかり行っていく必要がある。それを可能とするために、児童生徒が「課題の把握」と「自分事として取り組む」ように指導していかねばならない。さらに、課題解決については、集団活動の場で効果的に実施していくことが大切である。その上で、前述の合意形成の力を発揮させていく。このような指導のもとで、よりよい「集団決定」は実現していく。

○　学級活動・ホームルーム活動(2)(3)では、個人の「意思決定」が図られる。そこでは、課題に対する個人の試行錯誤の積み重ねの結果としての意思が構築されていく。ただ、それは題材について学級集団で論議した上での「意思決定」である。つまり所属集団のメンバー同士が互いに考えを交換し合って、磨き合う過程を経た「意思決定」である。

　近年、「メタ認知力」という概念が重視されているが、話合いの過程で意見交流を重視することで、「意思決定」の内容がより広く、深くなる。この様な指導、支援・援助を行うことで子どもたちの「意思決定」は充実、深化していくのである。

(3)　**意見の対立点の「見える化（可視化）」を工夫する**

　相異なる意見のどこが違うか、どこが共通しているかを明確化する。つまり「見える化」を推進することで、話合いは焦点化され、合意が図りやすくなる。意見の相違部分をグルーピングしたり、図示したりして「見える化」を促す支援・援助は非常に有効である。

(4)　「感情に左右されない決定行動」の大切さを理解できるようにする

　　好き嫌いや気分だけで物事を判断することは危うさや脆さ等が表われるので、決定していく際の適切な行動の在り方を教えることは、正しい意思決定を導く基本的事項である。「○○さんが言っているから正しい……」や、「○○くんは、このことに詳しいから同じ意見にしておく」等の根拠に乏しい決定が誤った答えに至らせる。それを避けるために、「意思決定には、冷静かつ客観的な態度で臨むことが基本であり、確かな根拠に基づき決定することの大切さ」を、教師はしっかりと児童生徒に教えていく必要がある。

(5)　「意見の根底にある個々の思いや考えに想いを馳せること」の大切さを理解できるようにする

　　話合いでは、人と人が情報を交換し合うだけでなく意見に込められた個々の思いや考えに「想いを馳せる」ことも重要である。単に感情に左右されることとは異なり、その意見の背景要因を知ることである。様々な思いや考えに触れることで、意見の形成理由や背景も含めて有益な情報として考えていくことができる。

(6)　「決め方」を体験的に学べるようにする

　○　「決め方」を体験的に学ぶ

　　集団生活では、所属集団として決定が必ず行われる場面がある。学級活動・ホームルーム活動(1)の自主的活動では、様々な案が検討された後で、「集団としてどれを選択するか」が話し合われ、集団の意思決定がなされる。また、個人生活においても様々な場面で自己の意思を明確にする、選択するということがある。

　　学級活動・ホームルーム活動(2)(3)では、「この課題に対して自分はどうするか」という意思決定を図っていく。

　　現代の学校教育において、「決める」という行動の在り方やよりよい選択の仕方について学べる最適な機会は、学級活動・ホームルーム活動なのである。つまり、「学級活動・ホームルーム活動と

は、物事の決め方を体験的に学ぶ学習」といえる。

○　よりよい「決め方」を導く考え方

　児童生徒が適切な方法で意思決定するには、どの様な「決め方」が適切か。それをどう指導していくか。民主的な話合いの場で、納得解を獲得させていくには、指導者自身が「よりよい決め方」についての考え方をもつ必要がある。以下にその考え方について記述していく。

・　「多数決の危うさ」を知る

　多数決は民主主義の原則であり、様々な選挙制度の根本である。多数決は否定されるものではないが、安易かつ単純に行ってはならない。適切な意思決定の大前提となる情報の確認、吟味が十分になされない段階の多数決では、単なる好き嫌いや雰囲気に流された「多いもの勝ち」に過ぎない。誤った意思決定を行えば、よりよい教育効果は得られない。さらに、児童生徒が意見を練りあげる機会を指導者が踏み潰さぬよう「安易で単純な多数決」は厳に戒めていかねばならない。

・　「考えを深める、練りあげることの大切さ」を理解する

　児童生徒が自分の見方や考え方を明確にもち、課題に対して自ら考え、他と磨き合って考えをつくりあげていくこと、それが学校教育のねらいであるが、現実の集団生活では、同調圧力や排斥等が生じ易く達成困難になる場合が少なくない。また、相容れない意見をまとめきれず、納得解を見いだすことのできないときがある。「自分の考えを深めること」や「よりよく練りあげること」の大切さに気付き、納得解を獲得できる話合いの在り方を体験的に習得していくことが、話合い活動の重要な指導ポイントである。

(7)　「合理的な考え方」を理解できるようにする

意思決定に至る過程で、児童生徒が「どれだけの有効な情報を収

集し、分析して解決に適した答えを主体的に求めていくことができるか」を教師が考慮して、適切な支援・援助を実施できるようにすることは非常に重要な教育活動である。主体的に考えることを推進しても、合理性が欠けた内容であったり、検討が不十分であったりする話合いではよりよい考えにせまることはできない。児童生徒が合理的な考え方に習熟していくことで、それは解決される。そのために、様々なプログラミング的思考（例えば、クリティカルシンキング、ラテラルシンキング等）を活用することが望まれる。また、日常の問題解決場面においても、児童生徒に合理的な解決過程を提示していくことが「合理的な考え方」を学ぶ機会となる。

第4節

係活動・集会活動

1　係活動

(1)　係活動のねらい

　係活動は、我が国の学校教育が始まって以来、各学校で取り組まれており、そのねらいは「学級の児童生徒が学級内の仕事を分担処理するために、自分たちで話し合って係の組織をつくり、全員でいくつかの係に分かれて自主的に行う活動である。

(2)　小・中・高等学校における係活動の組織編成

　係活動の組織編成は、小学校低学年の一人一役制から始まり、学年が上がると小グループ制となる。また、班＝係制も小学校高学年から中・高等学校において比較的多くみられる。この班＝係制の形態は、班ごとに一つのまとまった係の仕事を担当するので、学級生活の基盤としての班が生かされ、班会議＝係会議となり時間が有効に使える。これらの形態以外に、中・高等学校においては、生徒会

の専門委員会と学級の班編成を直結させた係活動の形態を取り入れ
ている学級もある。いずれにしても、学級や児童生徒の実態を考慮
した係活動の組織編成は、所属感を深め児童生徒のやる気を引き出
し、豊かな人間関係を醸成し、学級文化の向上へとつながっていく。
さらに、係活動を通して児童生徒の勤労観・職業観を培うことにも
なるので、適切な指導を行わなければならない。

　係活動の組織編成に当たっては、係の活発化を図るために、児童
生徒には次の視点から係を決めることを指導しておくことが大切で
ある。

　　○やって楽しい係　　○みんなの役になる係　　○協力してできる係
　　○創意工夫のできる係

表3-2　係の種類（例）

（小学校低学年） ○でんき、まど、こくばん、はな、くばり（ゆうびん）、いきもの、ほん、ほけん、おとしもの、けいじ、せいり、あそび、他 （中学年以降） ○図書、新聞、掲示、保健、運動、生き物、集会、他

(3)　係活動の指導ポイント

①　学級生活を豊かにし、かつ自らの興味・関心を生かせる組織づ
　　くりを大切にして、自主的、実践的に活動のできる係を決める。

②　「自分も学級や友人の役に立っている」など、自己有用感や学級
　　への所属感を味わえる指導助言を行う。

③　係の活動が友達づくりのきっかけになり、協力や信頼に基づい
　　た豊かな人間関係が築かれることを指導助言する。

④　リーダーの育成に努め、係活動の活性化を図る。リーダーは特
　　定の児童生徒に限らず、多くの児童生徒にリーダーの役割を与え
　　それぞれのリーダー性を養う。

⑤　各係の活動状況を相互評価するなどして、改善に向けての話し合う機会をもつ。

[係活動と当番活動]

　学級内には、係活動以外に学級活動には位置付けされていない当番活動があり、双方の相違点を踏まえた指導に留意しなければならない。なお、小学校学習指導要領解説特別活動編には、「係活動の指導に当たっては、『(3)一人一人のキャリア形成と自己実現』の『(イ)社会参画意識の醸成や働くことの意義の理解』の内容と関連付けることが大切である。」と示されている。このことは当番活動の指導も含め、キャリア教育の視点より小学校から高等学校までの継続指導が必要であることに留意しなければならない。

表3-3　係活動と当番活動の相違点

	係活動	当番活動
ねらい	・児童生徒の力で学級生活や学級文化を豊かにする。	・学級生活を維持するために運営する。
計　画	・児童生徒が話し合って立案した自主的な計画。	・教師の意図的な計画。
内　容	・文化的で創造的な活動。	・管理的・実務的な活動。
分　担	・希望した係に分かれ、自主的・実践的に行う。	・学級生活に必要な仕事を、全員が分担して行う。
共通点	・みんなと協力して行う集団活動で、人間関係が培われる。 ・キャリア教育の要となる勤労観を養うことができる。	

2 集会活動

(1) 集会活動の意義

集会活動は、特別活動の目標に掲げた資質・能力を育成するために、活動のねらいを明確にした上で、学級生活を一層楽しく豊かにするために、全員によって行われる活動である。

集会活動の計画は、児童生徒の発達段階・実態に即して行われ、下学年ほど学級生活の楽しさや人間関係づくりの視点から実施の回数は多くなる。

(2) 集会活動の例

表3-4　集会活動（例）

	小学校	中・高等学校
文化的な集会	・音楽会、劇の発表会、紙しばい会、かるた会、グループ新聞発表会、係の発表等	・百人一首の集い、制作・調査等の発表、生徒会の文化的な行事への参加、生徒相互の体験発表等
運動的な集会	・ドッジボール会、長縄とび会、ミニオリンピック等	・運動的な活動、学校行事の体育的内容への参加等
レクリエーション的、その他の集会	・誕生日会、クイズ・ゲーム会、○○さんを送る会、○○さんを迎える会等	・野外活動でのレクリエーション、地域やボランティアの人々との交流会等

(3) 自主的に取り組める集会活動の指導ポイント

①　集会の目標を明確にして、実施後の自己・相互評価を次回に生かし、その場限りの集会に終わることのないようにする。

②　集会の内容に合った組織をつくり、相互の連絡調整を密にする。

③　児童生徒一人一人に役割があり、願いや個性を大切にする。

④　準備、練習、後片付けの時間を十分にとり、児童生徒の協力や人間関係が深まるようにする。

第5節

学級活動・ホームルーム活動の指導ポイント

1　学級活動・ホームルーム活動の全般にわたる指導

　学級活動・ホームルーム活動は、学級生活の充実と向上を図り、健全な生活態度の育成を目指し、他者と協力しながら自主的、実践的に取り組み、楽しさや成就感を得たり、自己有用感を高める次のような指導が求められる。

○　学級や学校での生活をよりよくするための課題を見いだし、解決するために話し合い、合意形成し、役割を分担して協力して実践できるようにする。

○　集団活動に進んで参画することや健康で安全な生活を送ることの意義について理解できるようにする。

○　集団活動を通して人間関係を形成し、他者と協働して集団や自己の課題を解決する。さらに将来の生き方を描き、その実現に向けて、日常生活の向上を図ろうとする態度を身に付けるようにする。

2　学級活動・ホームルーム活動(1)の指導

(1)　意見をまとめる方法を理解できるようにする

　　自分の意見に固執し過ぎれば、総意は得られない。話合いは多数意見でまとめることが基本だが、賛成や反対を述べ合うだけでは「数の論理」で決定される。そうなれば納得が得られず人間関係まで損なわれる。大切なのは各々が意見を比べ合い、「自分もよし・相手もよし・周りもよし」の心がまえで折り合っていくこと。そのため次のような方法を工夫する。

　（みんなが）

○　それぞれの意見を合わせる。(「折り合い」をつける)

○　「自分もよし・相手もよし・周りもよし」の心がまえで、新し

い考えをつくる。（「納得解」を見付ける）

　　○　多くの意見が出た場合は、グルーピング等の適切な情報処理
の手法で整理して分かりやすくする。（例えば、シンキングツー
ル等の活用）

　　☆　優先順位を付け、実施順を決定。（例えば、今回はAなら次回
はB等）

（一人一人が）

　　○　まず、自分の考えと他の考えを比べる。次に、目的達成のた
めにより適した内容を選ぶ。

　　○　全肯定、全否定でなく、「その部分は賛成です」という構成要
素に注目する視点をもつ。

(2)　**話合い活動における指導者の助言**

　　○　話合い活動における指導者の助言は、事前・本時・事後指導の
それぞれの指導過程に応じた助言があり、その機能や効果の及ぶ
範囲も異なったものとなる。[10)]

　　○　学級活動・ホームルーム活動(1)における助言の種類

　　・実践活動につなぐ助言

　　・問題解決のための助言

　　・援助や補足的な助言

　　・再考を促す助言

　　・承認や激励の助言

　　・指示的な助言

③　**学級活動・ホームルーム活動(2)・(3)の指導**

(1)　**教師の意図的・計画的な指導を踏まえる**

　　(2)、(3)は「意図的・計画的な指導」で教師の指導性が強いと思わ
れている。実際、児童生徒の自治的活動範囲を超えた課題や大切な
課題等を扱う場合は、教師が主導する方がより適切な指導になりや

すい。ただ、「なすことによって学ぶ」という特別活動の特質はここでも重要である。それゆえ事前の活動で「アンケート」等をとり、本時で活用を図ることは児童生徒の自主的な課題解決を促す有効な指導である。さらに、アンケートの作成や集約、整理等の仕事を児童生徒とともに実施することは、意識を高めたり課題の把握を促進したりすることに非常に役立つ。この様な形で児童生徒の自治的活動として可能な範囲で取り入れていくことは重要な視点である。

(2) **話合い活動における指導助言を工夫する**

○　自分自身の課題として捉え、意思決定ができるようにする。

○　学級活動・ホームルーム活動(2)(3)における助言の種類

・「自分ごと」として捉えられる助言

・実践活動につなぐ助言

・課題の整理、分析を促す助言

・よりよい振り返りができる助言

・よりよい考えを受け入れる助言

第6節

学級活動・ホームルーム活動におけるキャリア形成の指導

1　キャリア形成の必要性及び取扱い

今日、若者の「社会的・職業的自立」や「学校から社会・職業への円滑な移行」への課題、子どもたちが将来就きたい仕事や自分の将来のために学習を行う意識が国際的にみて低く、情報化やグローバル化など急激な社会的変化等により、学校教育におけるキャリア形成の推進が求められている。

文部科学省は、今般の学習指導要領改訂において、キャリア形成の主要な取扱いを学級（ホームルーム）活動における活動内容「(3)一

　人一人のキャリア形成と自己実現」で指導することと示された。

　以下、キャリア形成の指導概要を紹介する。

［キャリア形成の指導概要（例）］

1．題　材

表3-5　キャリア形成の題材例

	小学校	中学校	高等学校
題材例	・「楽しさ発見　学校図書館」 ・「夢につながる自主学習」	・「自分にふさわしい学習方法」 ・「先輩から学ぼう〜ライフプランニング」	・「夢実現の時間割を作成しよう」 ・「就業体験を振り返ろう」

2．実　践

題材「理想の自分になるために」（小学校第6学年）

　中学校への進学を控え将来について考える時期に、どんな大人になりたいのか見通しをもち、どのような目標をもてばよいのかを考えることで、今後の希望や目標をもって生きようとする態度が育成することをねらいとする。

　自分の理想とする大人像に近づくため、自分のよさや現在の学びをどのようにつなげていくかについて話し合い、意思決定することができるようにする。

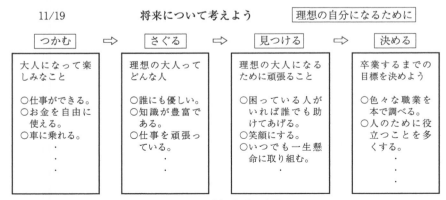

図3-8　［板書計画例］

○　指導上の留意点

　　主として将来に向けた自己の実現に関わる内容であり、一人一人の主体的な意思決定を大事にする。教育課程全体を通して行うキャリア教育との関連を図るとともに、個に応じた学習の指導・支援、個別の進路相談等との関連を図ることができるように留意する。その際、狭義の進路指導にのみとどまることのないように留意する。

引用文献

1)　文部科学省『小学校学習指導要領（平成29年告示）解説　特別活動編』
　　東洋館出版社　平成30年　p43、pp46-47

2)　文部科学省『中学校学習指導要領（平成29年告示）解説　特別活動編』
　　東山書房　平成30年　pp44-45、文部科学省『高等学校学習指導要領（平成30年告示）解説　特別活動編』東京書籍　平成31年　pp36-41

3)　～　5)
　　文部科学省『小学校学習指導要領（平成29年告示）解説　特別活動編』
　　東洋館出版社　平成30年　pp45-75

6)　文部科学省『中学校学習指導要領（平成29年告示）解説　特別活動編』
　　東山書房　平成30年　p42

7)　文部科学省『高等学校学習指導要領（平成30年告示）解説　特別活動編』
　　東京書籍　平成31年　p38

8)　文部科学省『中学校学習指導要領（平成29年告示）解説　特別活動編』
　　東山書房　平成30年　p44

9)　文部科学省『高等学校学習指導要領（平成30　年告示）解説　特別活動編』
　　東京書籍　平成31年　p40

10)　岸田元美『学級話合いの指導と技術』特別活動研究双書17　明治図書
　　昭和52年　p123

参考文献

○　文部科学省　『小学校学習指導要領（平成29年告示）解説　特別活動編』　東洋館出版社　平成30年

○　文部科学省　『小学校キャリア教育の手引き　小学校学習指導要領（平成29年告示）準拠』　令和4年

○　文部科学省　『中学校キャリア教育の手引き』　平成23年

○　国立教育政策研究所　『学校文化を創る特別活動　ホームルーム活動のすすめ』　平成30年

コラム④

進路指導とキャリア教育

　中学校・高等学校学習指導要領（平成20・21年告示）特別活動の内容、学級活動(3)とホームルーム活動(3)の項目は「学業と進路」であった。今回の改訂（平成29・30年告示）で「一人一人のキャリア形成と自己実現」となり、小学校にも新設された。用語が「進路」から「キャリア形成」に改まった。

　これまでの進路指導の課題は、その多くが短期的な見方による出口指導に焦点が当てられて進学先や就職の指導・相談が行われた。ややもすると、生徒の主体性よりも学校の評判や学歴・学校歴偏重に陥る懸念があった。これを背景に1999（平成11）年の中央教育審議会答申において「キャリア教育」という新たな用語が登場した。学校における進路指導とキャリア教育の概念はほぼ同義である。

　そうすると、これまでの慣習的な「狭義の進路指導」を改め、本来の進路指導である生き方教育と捉え直した概念「広義の進路指導＝キャリア教育」は、教科等の第1の目標の実現に向けて「主体的・対話的で深い学び」という新しい学びが求められる今日、極めて重要な概念である。

（中尾豊喜）

第 4 章

学級活動（小・中学校）・
ホームルーム活動（高等学校）の
年間指導計画及び学習指導案

年間指導計画

　指導計画は、教師の意図的、計画的な構想に基づき、学級や児童生徒の実態を考慮して、指導の内容や方法などを記載して作成する計画である。学級活動・ホームルーム活動は、教師が作成した年間指導計画及び1単位時間の指導計画に基づいて指導に当たる。

　指導計画作成時に留意すべき内容は、学習指導要領解説特別活動編第4章を参考にし、次に示す。

各活動・学校行事の年間指導計画の作成

(1)　学校の創意工夫を生かす
(2)　学級（ホームルーム）や学校、地域の実態や児童生徒の発達の段階及び特性等を考慮する
(3)　各教科（科目）、道徳科、総合的な学習（探究）の時間などの指導との関係を図る
(4)　児童生徒による自主的、実践的な活動が助長されるようにする
(5)　家庭や地域の人々との連携、社会教育施設等の活用などを工夫する
(6)　特別活動の授業時数を適切に確保する　　　　　　　　　（　）内：高等学校

1　小学校　学級活動の年間指導計画

表4-1　学級活動年間指導計画（例）　　　　　　　　　○○小学校

重点目標	学級活動を通して児童たちが互いに協力し合って、人間関係を築き、学級、学校生活の諸問題を自主的に解決しようとする実践的な態度を養う。
学級	(1)　**学級や学校における生活づくりへの参画** 　ア　学級や学校における生活上の諸問題の解決 　イ　学級内の組織づくりや役割の自覚 　ウ　学校における多様な集団の生活の向上 (2)　**日常の生活や学習への適応と自己の成長及び健康安全**

<table>
<tr><td rowspan="9">活動の内容</td><td>ア　基本的な生活習慣の形成</td></tr>
</table>

活動の内容

　　ア　基本的な生活習慣の形成
　　イ　よりよい人間関係の形成
　　ウ　心身ともに健康で安全な生活態度の形成
　　エ　食育の観点を踏まえた学校給食と望ましい食習慣の形成
(3)　一人一人のキャリア形成と自己実現
　　ア　現在や将来に希望や目標をもって生きる意欲や態度の形成
　　イ　社会参画意識の醸成や働くことの意義の理解
　　ウ　主体的な学習態度の形成と学校図書館等の活用

話合い活動　各学年の授業時数のめやす　（例）

	1年	2年	3年	4年	5年	6年
学級活動（1）の内容	18	20	20	21	21	21
学級活動（2）の内容	11	10	10	10	10	10
学級活動（3）の内容	5	5	5	4	4	4

○係活動　　　児童たちが、学級内の仕事を分担処理し、自分たちの力で学級生活を楽しく豊かにする。必要な係は話合い活動で決め、全員が役割を行う。
（図書係、生き物係、落し物係、集会係、掲示係……）
○集会活動　　集会活動を通して、学級生活を楽しく豊かにし、友達と一層仲よくできるようにする。
（誕生会、ゲーム大会、ドッジボール大会、カルタ大会、グループ新聞発表会、劇の発表会……）

話合いの配慮事項

低学年	中学年	高学年
話合いの進め方に沿い自分の意見を発表し、他者の意見をよく聞いて、合意形成して実践することのよさを理解する。基本的な生活習慣や、約束やきまりを守ることの大切さを理解して行動し、生活をよくするための目標を決めて実行する。	理由を明確にして考えを伝え、自分と異なる意見も受け入れながら、集団としての目標や活動内容について合意形成を図り、実践する。自分のよさや役割を自覚し、よく考えて行動するなど節度ある生活を送る。	相手の思いを受け止めて聞き、相手の立場や考え方を理解して、多様な意見のよさを積極的に生かして合意形成を図り、実践する。高い目標をもって粘り強く努力し、自他のよさを伸ばし合うようにする。

【学級活動と全ての教育活動との関連】
○　指導計画作成に当たって、まず「学級経営との関連」を図る。次に、カリキュラム・マネジメントの実現に向け「育てるべき資質・能力」を明確にした上で、効果的な学習内容や活動を組み立てる。その際、各教科等における学びとは次の様に関連付けていくことが肝要である。
・　各教科等での学びの経験や身に付けた資質・能力が学級活動でよりよく活用できるようにする。また、学級活動で身に付けた資質・能力が各教科等の学びに生かされるようにする。
・　国語科等を中心として各教科等の学習で身に付けた言語を、学級活動の話合い活動において適切に活用したり、互いの意思疎通をより密接にしたりできるようにする。
・　キャリア教育、食育、主体的な学習態度の形成と図書館等の活用は、様々な教育活動との関連を図りながら、学級活動の特質を踏まえて指導することが大切である。
【評　価】
○　評価の観点である「知識及び技能」、「思考力、判断力、表現力等」、「主体的に取り組む態度」は、全学年共通であるが、評価規準については各学年段階に即した規準を設ける。

	1.知識及び技能	2.思考力、判断力、表現力等	3.主体的に取り組む態度
評価規準	よりよい学級をみんなで築くことの大切さが分かり、集団の意思決定を適切に行う話合い活動の進め方等を理解して、計画的に実践している。	学級生活上の様々な課題を見いだし、その解決を図るためにみんなで考えを出し合ったり、意思決定を図ったりしてよりよい結果を導こうとしている。	自主的・実践的な集団活動を通して身に付けたことを生かし、進んで人間関係や学級生活をよりよくするために取り組もうとしている。

② 小学校　学級活動の年間活動計画

　活動計画は、教師が計画的に作成した「年間指導計画」に基づき、教師の適切な指導のもとで、児童生徒たちが自主的、実践的な活動を展開していくために、自らの意見や願いを生かしながら作成する計画のことである。
　学級活動（1）の活動計画は、児童生徒が自主的に立てる一方で、学級

活動 (2) (3) の活動計画は教師の主体的で適切な指導が必要である。

　下表に、小学校第 6 学年の 1 学期の学級活動計画（例）を示す。

表4-2　　6年○組　　学級活動 年間活動計画（例）

重点目標	互いに認め合い、支え合ってよりよい学級を築くために諸問題を自主的に解決していこうとする主体的な生き方を目指す。				
月	学級活動(1)の内容（年間時数 21 時間）	学級活動(2)の内容（年間時数 10 時間）	学級活動(3)の内容（年間時数 4 時間）	時数	全教育活動との関連
4	・学級目標を決めよう ・学級の係を決めよう	・6 年生になって	・係・当番の意義を考えよう	4	・最高学年の自覚（道徳科・朝の会等）等
5	・学級集会の年間計画を立てよう ・思い出に残る修学旅行にしよう	・本当の仲間になろう		3	・学級集会年間計画の立案（日常の指導等）等
6	・「交流給食会」を楽しくしよう ・児童会への提案等について	・みんなの命を大切にしよう	・委員会活動を活発にしよう	4	・委員会活動（児童会活動、道徳科等）等
7	・お楽しみ会の計画を立てよう（お楽しみ会の実施 1 時間）	・夏休みのくらし方を考えよう		3	・お楽しみ会の計画（日常の指導、朝の会等）等

注：学級集会の時間などの実践時間は、基本的に学級活動の時間を用いる。

③　中・高等学校の学級活動・ホームルーム活動　年間指導計画

　中・高等学校の年間指導計画も小学校と同様に、学校全体計画に基づいて作成する。なお、作成時に留意すべき内容は、前述の通り、小・中・高等学校はほぼ同じである。

　下表に中学校の場合の年間指導計画（例）を示す。

（高等学校も中学校に準じた年間指導計画が多く見られる。）

表4-3　　　　学級活動　年間指導計画　（例）　　　　○○中学校

重点目標	集団活動を通して、学級生活の向上に協力するとともに、よりよい人間関係を形成し、学級生活の向上に参画する自主的、実践的な態度を育成する。			
月	学級活動(1)の内容 （予想される議題）	学級活動(2)の内容 （取り上げる題材）	学級活動(3)の内容 （取り上げる題材）	時数
4	○級友を知るゲームをしよう ○学級目標をつくろう	○中学校生活		3
5	○班・係活動を考えよう ○遠足の計画を立てよう		○学習と部活動	4
6	○球技大会を開こう ○教室をきれいにしよう ○学級集会を開こう		○班・係活動からの学び	4
7	○学級のきまりを見直そう ○1学期を振り返ろう	○夏休みの生活		2
9	○夏休みの体験を発表しよう	○男女の協力		3
10	○体育祭への参加準備をしよう ○班・係活動を発表しよう		○自分に合った勉強の仕方	4
11	○級友の頑張りを発表しよう ○文化祭の準備をしよう	○ボランティア活動への参加		4
12	○進んで生徒会活動に参加しよう ○学習態度の見直しをしよう ○「冬休みの計画」発表をしよう	○私の悩み		2
1	○3学期の計画を立てよう ○夢を語り合おう			3
2	○耐寒マラソンの参加を考えよう		○先輩の進路	4

3	○学級文集の計画を立てよう ○友情について考えよう ○美化活動の計画を立てよう ○「3年生を送る会」の準備をしよう ○1年間のまとめをしよう		○私の進路計画	2
時　　数	25	5	5	35
他の教育活動との関連	各教科、道徳科及び総合的な学習の時間、生徒指導等との密接な関連を図る。			

［育む資質・能力］
・集団活動を実践する上で必要となる「知識及び技能」
・集団や自己の課題を見いだす「思考力、判断力、表現力等」
・集団や生活をよりよくするための「学びに向かう力、人間性等」
［評価規準の観点］
1. 知識及び技能
2. 思考力、判断力、表現力等
3. 主体的に学習に取り組む態度
※　評価規準の文書内容は、「この学習で身に付けさせたい能力」を記述する。
※　評価規準に基づく評価は、p152 ③特別活動の評価規準を参考にし、文章表記する。

小学校「学級会・児童の話合い」

中学校「学級活動・担任の指導」

学習指導案

　学級活動（小・中学校）、ホームルーム活動（高等学校）の学習指導案を以下に示す。

［小学校　学級活動（1）の学習指導案（例）］

学級活動（1）　学習指導案

指導者　第4学年　〇〇　〇〇

1　日　　　時　　〇年〇月〇日（〇時限）
2　学年・組　　　第4学年2組　　　在籍　34名
3　議　題　名　　「ワクワク集会の計画を立てよう」
4　指導に当たって
（1）学級の実態
　　　本学級の児童は、係活動や様々なグループ活動において、仲よく自主的に実践することができにくい。そのため、4月当初から、よりよい集団のあり方や協力の大切さ等について指導してきたので、現在では、（以下省略）
（2）議題設定の理由
　　　全員で協力して楽しく参加できる集会の計画・実施を通して、協働活動のよさや連帯感の大切さがわかり合え、仲よしの学級になることを願い議題を設定した。
（3）育成を目指す資質・能力
　　〇　学級の目標を理解し、それを達成するための活動内容を工夫できる。
　　〇　自他の考えを大切にしながら、適切に合意形成を図る前向きな話合いができる。
　　〇　自他のよさや役割を自覚し、目標実現に向けた自主的な実践ができる。

(4)　指導のねらい

　　本実践の自主的活動の過程で、集団で活動することの楽しさや大切さを経験的に理解し、仲間意識をさらに高めていく機会としたい。また、(以下省略)

5　本時の活動に至るまでの経過

(1)　○月○日（○）計画委員会　　・議題を決定し、役割分担を決める。

(2)　○月○日（○）朝の会　　　　・議題と提案理由を知らせる。

6　本時のねらい

(1)　みんなが楽しく参加できる集会を協力して考えることができる。

(2)　相手の意見を聞き、自分の考えに役立てることができる。

7　本時の展開

	活動の内容	指導上の留意点	○評価観点 (評価方法)・資料等
活動開始	1. はじめの言葉 2. 司会グループの自己紹介 3. 議題の確認 4. 提案理由の確認 5. 決定事項の確認	○自己紹介をはっきり言えるように助言する。 ○決定事項の共通理解の確認を促す。	○分かり易く説明できたか。 (観察) ・司会用ノート ・学級活動ノート ・短冊用紙
活動展開	6. 話合い (1)「楽しい内容」を決める (2)「必要な役割」を決める	○みんなが楽しめる内容を決めることができるようにする。 ○必要な役を決めることができるように助言する。	○適切な内容や役割が決められたか。 (観察)
活動まとめ	7. 決定事項の確認 8. 自己評価・感想記入 9. 教師の話 10. 終わりの言葉	○決定事項を伝え、みんなで共通理解ができるようにする。 ○話合いの振り返りを学級活動ノートに記入することを助言する。 ○頑張ったこと等を称賛し、今後の活動への意欲を高める。	○みんなが決定事項を正確に確認できたか。 (学級活動ノート) ・司会用ノート ・学級活動ノート

［中学校　学級活動（1）の学習指導案（例）］

学級活動（1）学習指導案

第１学年○組　指導者　教諭　○○　○○

1. 日　　時　　○年○月○日（○時限）
2. 議　　題　　「体育祭の成功を目指し、友だちとの絆を深めよう」
3. 指導に当たって

　（1）　生徒の実態

　　　　本学級の生徒の多くは、明るく活発で何事にも元気に取り組もうとする。しかし、互いに認め合って尊重し合う態度に欠けているところもあるので、自分らしさを発揮しながら、多様な他者と協働する人間関係づくりが課題に挙げられる。そこで、年度当初より話合い活動を中心にして、人間関係づくりに係る議題や題材を取り入れ、楽しい学級生活の創造に取り組んできた。

　（2）　議題設定の理由

　　　　生徒は中学校に入学し、学校生活にはかなり慣れてきた。しかし、心理的に不安定な時期でもあり、人間関係の軋轢やささいなこと等が悩みとなり、学校生活全体につまずきが見られることもある。そこで、1学期の生活上の問題を明確にするため、学期末にアンケートを実施し、それを生かして2学期をより豊かにしていくように働きかけた。結果の分析から、友だちに関わる内容が多く、学級全体で話し合って「互いを思いやり、いろいろな人と関わり合う」ことのできる活動が不可欠であることが提起された。そのため、一日も早くよりよい人間関係を築くように、体育祭の取組を通して、本学級の課題の解決を図ろうと本議題を設定した。

4. 指導のねらい

　○　学級の一員としての自覚を高め、学級に対する所属感や連帯感を深める。

○　互いのよさを認め、支え合いながら協働して実践する態度を
育む。

5. 評価の観点と本実践における評価規準

観点	1. 知識及び技能	2. 思考力、判断力、表現力等	3. 主体的に学習に取り組む態度
評価規準	みんなが楽しく参加できる集団活動の意義を理解し、活動を行う上で必要となる話合いや合意形成の方法を身に付ける。	いろいろな意見を理解し、学級生活の向上を目指して、課題の解決のために話合い、合意形成を図ることができる。	学級内の多様な集団の活動に参加し、問題を主体的に解決することを通して、よりよい生活づくりができる。

※　評価観点を目指した評価規準を設定する。その際、特別活動で育む資質・能力等を育成する視点や方策をもたなければならない。

6. 本時の指導に至るまでの経過

期日	活動の場	活動の内容	指導上の留意点	○評価観点（評価方法）・資料等
9月○日	放課後	○学級生活アンケートづくり	・学級生活の問題を把握できる内容にすることができるようにする。	○2（観察）・画用紙・印刷用紙
9月○日	朝の会	○アンケート実施	・自らの思いや願いが反映できるようにする。	・アンケート用紙
9月○日	放課後	○アンケート調査を集計し課題を選定する。○提案理由に基づき、活動計画を立てる。	・生徒の思いを聞きながら、本時の流れを検討し活動の見通しをもてるようにする。・話合いが深まるよう自主的に準備を進めることを助言する。	○3（観察）・学級活動記録ノート

※　上表内、評価観点の1は「知識及び技能」、2は「思考力、判断力、表現力等」、3は「主体的に学習に取り組む態度」を表す。（以下同様である。）

7. 本時の指導と生徒の活動

(1) 本時のねらい

- ○　体育祭に向けた学級の取組に関心をもち、互いの考えを尊重し、合意形成を図る。
- ○　学級の一員としての自覚を深め、体育祭に向けての活動意欲を高める。

(2) 本時の展開

	活動の内容	指導上の留意点	○評価観点 （評価方法） ・資料等
活動開始	1. 開会の言葉 2. 学級委員の紹介 3. 議題の発表・確認 4. 提案理由の説明	○学級活動委員会で検討された経過を示し、本活動の概要を全員に説明する。 ○提案理由を理解し、学級への所属感を深める意義を理解することができるようにする。	○1（観察） ・学級活動記録ノート
活動展開	5. 話合い 　(1) 学年種目を成功させるためのクラスの作戦を立てよう。 　(2) 役割分担を決めよう。	○これまでの練習を踏まえて、様々な角度から考えられるようにする。 ○周囲と考えたり、意見を聞き取ったり、積極的に取り組めるようにする。 ○必要に応じて、積極的に助言を加える。 ○学級の一員として、種目に合った役割を考えることができるようにする。	○2（観察） ・学級活動カード ○1（観察） ○2（観察、学級活動カード）
活動まとめ	6. 決定事項の確認 7. 自己評価・感想記入 8. 教師の話 9. 閉会の言葉	○体育祭を全員で協力して取り組めたことを確認できるようにする。 ○話合いの流れを方向付けた発言や学級活動委員の活動などを称賛する。また実践意欲を高める助言を行う。	○3（振り返りカード） ・振り返りカード

---

8. 事後の指導と生徒の活動

期日	活動の場	活動の内容	指導上の留意点 ○評価観点（評価方法）
9月○日	学級活動	○体育祭の成果と課題を明らかにし、今後の学校生活について考える。	・生徒の活動について具体例を示して称賛する。 ○1（振り返りカード）

[高等学校　ホームルーム活動（3）の学習指導案（例）]

ホームルーム活動（3）学習指導案

第3学年○組　　指導者　教諭　○○○○

1. 日　　時　　○年○月○日（○時限）
2. 題　　材　　「進路選択について意見交換をしよう」
3. 指導に当たって
 （1）　生徒の実態

　　　　第3学年の2学期後半、本学級の生徒は学習や諸活動に対しては、全体的に意欲的に取り組めるようになってきた。この時期は、多くの生徒が卒業後の方向性に向かっているときでもあるが、進路については、いろいろな悩みや不安をもっている。

　　　　したがって、（以下省略）

 （2）　題材設定の理由

　　　　進路指導の傾向は、上級学校の選択に重点がおかれ、個別指導になることが多くなる。しかし、現在では、「人間としての生き方」の観点での指導が大切となっている。

　　　　このことは、新学習指導要領において、「望ましい職業観・勤労観の確立」や「主体的な進路の決定と将来設計」の指導をホームルーム活動で実施することが明記されていることや、21世紀における資質・能力の育成としてキャリア形成が取り上げられていることから

も理解できる。

　そこで、将来にわたるキャリア形成の視点から本学級の生徒の進路への悩みを出し合い、これからの進路計画を考えることができることを願って本題材を設定した。

4. 指導のねらい

○　自己の進路希望を出し合い、互いに進路計画の参考にする。

○　これからの人生に希望をもって生きぬくことへの理解を深める。

5. 評価の観点と本実践における評価規準

観点	1. 知識及び技能	2. 思考力、判断力、表現力等	3. 主体的に学習に取り組む態度
評価規準	よりよく生きることや、自己実現を図ることを理解し、それに向けての知識や情報を入れて考えることができる。	社会の一員としてよりよく生きることや、自己実現を図ることの大切さを多様な意見から考え、自らの生活に生かそうとしている。	進路についての悩みや不安に関心をもち、互いに意見発表し、その解消を目指し、自主的、自立的に取り組もうとしている。

6. 本時の指導に至るまでの経過

期日	活動の場	活動の内容	指導上の留意点	○評価観点（評価方法）・資料等
11月○日	朝の会	○フリーターやニートについて考える。	・働くことの意義について理解できるようにする。	○1（観察）・フリーターやニート急増のグラフ
11月○日	ホームルーム活動	○ワークシートに「私の歩み」を記入する。	・これまでの自己の歩みに関心をもち、今後の在り方・生き方や進路計画に資することができるようにする。	○2（観察・ホームルーム活動カード）・ワークシート「私の歩み」

7. 本時の指導と生徒の活動

(1) 本時のねらい

○　子どもの頃の夢を振り返り、将来の職業を考えることができる。

(2) 本時の展開

	活動の内容	指導上の留意点	○評価観点 （評価方法） ・資料等
活動開始	1. グループ着席する。 2. 本時のねらいについて理解する。	○本時のねらいについて理解することができるようにする。	○1（観察）
活動展開	3. 「私の歩み」をグループ内で回し、各自、作成者に応援メッセージを記入する。 4. 応援メッセージの感想を記入する。 5. 感想を発表する。	○応援メッセージを記入することで、他者理解を深めるとともに、自己の進路を考えることができるようにする。 ○将来に向け、前向きな生き方の考えをもつことができるようにする。 ○前向きな姿勢をもつことができるように助言する。	○2（ワークシート） ・ワークシート「私の歩み」 ○2（ワークシート） ○3（観察）
活動まとめ	6. 自己評価・感想を記入する。 7. 担任の話	○自己理解を深め、進路への関心を高め、前向きに生きようとすることができるようにする。 ○希望をもって前向きに取り組むことを助言する。	○3（観察） ・振り返りカード

8. 事後の指導と生徒の活動

期　日	活動の場	活動の内容	※指導上の留意点 ○評価観点（評価方法）
11月○日	放課後	○全員のワークシートを掲示し、目の前の進路を考える。	※進路計画について、再確認等を行うことができるようにする。 ○3（観察）

参考文献

○　文部科学省『小学校指導要領（平成29年告示）解説　特別活動編』東洋館出版社　平成30年

生徒指導と特別活動

....

生徒指導は、学習指導と並ぶ学校教育における重要な機能である。

『生徒指導提要』（文部科学省、2010 年作成）では、その定義を「一人一人の児童生徒の人格を尊重し、個性の伸長を図りながら、社会的資質や行動力を高めることを目指して行われる教育活動」としている。これを踏まえ、生徒指導は「教育課程内外において、一人一人の児童生徒の健全な成長を促し、児童生徒自ら現在及び将来における自己実現を図っていくための自己指導能力の育成を目指す」とし、「学校の教育活動全体を通じて」充実を図ることが必要とされる。

個と集団の観点から「生徒指導」と「特別活動」は関係が深い。生徒指導を機能させながら、児童生徒の個としての自己指導能力や集団としての自治を育み、特別活動の第 1 の目標や各内容の実現に向けて、また教科・科目等においても有機的に連動し、学校教育全体として推進されることが期待されている。

（中尾豊喜）

高等学校「学校行事・修学旅行」

第5章

児童会活動（小学校）・生徒会活動（中・高等学校）の目標・内容・指導

児童会活動・生徒会活動の目標・内容

① 児童会活動・生徒会活動の目標

　児童会活動及び生徒会活動は、学年、学級を越えてすべての児童や生徒から構成される集団の活動であり、異年齢の児童や生徒同士で協力・交流・協働して目標を実現しようとする活動である。小学校では「児童会活動」、中・高等学校では「生徒会活動」と称されている。

　それぞれの目標について、学習指導要領では次のように示されている。

表5-1　児童会活動・生徒会活動の目標[1]

児童会活動（小学校）	生徒会活動（中・高等学校）
異年齢の児童同士で協力し、学校生活の充実と向上を図るための諸問題の解決に向けて、計画を立て役割を分担し、協力して運営することに自主的、実践的に取り組むことを通して、第1の目標に掲げる資質・能力を育成することを目指す。	異年齢の生徒同士で協力し、学校生活の充実と向上を図るための諸問題の解決に向けて、計画を立て役割を分担し、協力して運営することに自主的、実践的に取り組むことを通して、第1の目標に掲げる資質・能力を育成することを目指す。

　表5-1に示されているように、小学校と中・高等学校の目標は、主語が「児童」と「生徒」が違う（下線部）だけで、内容が同じである。このことは、小・中・高等学校における児童生徒の発達の段階を考慮しながらも、そのつながりを重視し、積極的に社会参画する力の育成を目指していることが理解できる。

　児童会活動・生徒会活動は、学校全体の生活をよりよくするために、集団生活や人間関係などの諸問題から課題を見いだし、その解決に向けて自分の役割や責任を果たす等、自主的、実践的に取り組む。その過程で、学年・学級を越えた、異年齢の児童生徒同士で協力したり、よりよ

く交流したり、協働して目標を実現したりしようとする自発的、自治的な活動である。小学校の児童会活動で育成する資質・能力は、中・高等学校における生徒会活動で、さらに学校卒業後には地域社会の自治的な活動の中で生かされ、育まれていく。そのため指導する教員は、小・中・高等学校の児童会活動・生徒会活動の内容や特質の違いを踏まえつつも、目指す目標を明確にし、校種間のつながりを意識しながら指導を進めていくことが求められる。

② 児童会活動・生徒会活動の内容

　児童会活動・生徒会活動の内容を整理すると、表5-2のようになる。

表5-2　児童会活動・生徒会活動の内容[2)]

児童会活動（小学校）	生徒会活動（中・高等学校）
(1)　児童会の組織づくりと児童会活動の計画や運営 　　児童が主体的に組織をつくり、役割を分担し、計画を立て、学校生活の課題を見いだし解決するために話し合い、合意形成を図り実践すること。 (2)　異年齢集団による交流 　　児童会が計画や運営を行う集会等の活動において、学年や学級が異なる児童とともに楽しく触れ合い、交流を図ること。 (3)　学校行事への協力 　　学校行事の特質に応じて、児童会の組織を活用して、計画の一部を担当したり、運営に協力したりすること。	(1)　生徒会の組織づくりと生徒会活動の計画や運営 　　生徒が主体的に組織をつくり、役割を分担し、計画を立て、学校生活の課題を見いだし解決するために話し合い、合意形成を図り実践すること。 (2)　学校行事への協力 　　学校行事の特質に応じて、生徒会の組織を活用して、計画の一部を担当したり、運営に協力したりすること。 (3)　ボランティア活動などの社会参画 　　地域や社会の課題を見いだし、具体的な対策を考え、実践し、地域や社会に参画できるようにすること。

表5-3　児童会活動・生徒会活動の内容(1)〜(3)指導に当たっての留意事項

	内容	指導に当たっての留意事項
児童会活動（小学校）	(1)について	○自発的、自治的な活動として進めるために、教師の適切な指導の下、児童会の目標の実現に向けて、高学年児童を中心に活動を進める。 ○活動のための組織や役割は、児童の互選によって組織するなどの取組が大切である。主権者教育の視点からは、児童会の役員等を児童の投票によって選出することも考えられるが、発達の段階を踏まえ、事前指導に配慮した上で、投票の意義の理解を促したり、児童会本来の活動が十分に展開できるようにしたりする必要がある。
	(2)について	○全校児童集会などにおいて、異年齢集団による交流のよさを一層重視して児童の自発的、自治的活動を効果的に進める。 ○学校として、日常生活の中で継続的な異年齢交流活動を設定している場合は、育成を図る資質・能力を明確にした上で、連携を図って指導することが大切である。
	(3)について	○教師の適切な指導の下で、学校行事の一部に児童の発意・発想を生かした計画や活動を取り入れて実施するなど、児童会の組織を利用して行う。 ○児童会活動の特質や育む資質・能力を明確にしつつ「学校行事への協力」に取り組むことで学校行事の効果が高まるとともに、児童会の充実に結び付けることができる。
生徒会活動（中・高等学校）	(1)について	○生徒会役員や各種委員長の決定は、生徒会規則等に則って公正な選挙等により選出されることが望まれる。ただし、中学校においては小規模校等において、役員選挙への立候補・選挙が適切でないと判断される場合は、生徒会規則等で選出方法を明らかにし、生徒が主体的に取り組む工夫が大切となる。 ○生徒会でいじめ未然防止や暴力などの問題を取り上げる際には、生徒の主体的な活動を大切にしながら、学校と家庭・地域との連携・協力を積極的に進め、解決に全力で当たることが必要である。
	(2)について	○大人との人間関係や社会的なルールやマナーを学んだり、自分たちの活動の広がりや自主的な活動の必要性を実感したりすることができるように、事前・事後の活動を大切にし、全ての生徒が参画し達成感や自己有用感をもつことができるようにする。 ○多様な他者への配慮などに関わる資質・能力が身に付き、教師と生徒の信頼関係を深めたり学校行事をつくり上げていく主体者の意識を高めたりすることができるようにする。

(3)について	○活動内容例として、地域の福祉施設等での様々なボランティア活動や社会活動への参加、多様な人々との交流や共同学習、地域が抱える課題解決に向けての発表会やポスターセッションなどが考えられる。
	○取組に当たって、地域や社会の形成者としての自分たちにできることを話し合ったり、他校や異年齢の幼児児童生徒と協力して計画・運営に当たったりするなど、生徒が地域・社会の課題の解決に主体的に実践できるように、適切に指導することが大切である。
	○生徒会活動は学校の教育活動の一環である以上、政治的中立性が求められるものであることにも留意する。

第2節

児童会活動・生徒会活動の基本的な学習過程

1　児童会活動の基本的な学習過程

　児童会活動は全児童が参加するものであるが、様々な活動の形があり、形態や役割の分担にも様々な形があり得る。児童会の学習過程の基本的な流れは、①「問題の発見・確認、議題などの選定」→②「解決に向けての話合い」→（合意形成）→③「解決方法の決定」→④「決めたことの実践」→⑤「振り返り」となる（図5-1参照）。

2　生徒会活動の基本的な学習過程

　中・高等学校の生徒会活動においても、様々な活動の形があり、その学習過程を一つに表すことは難しいが、中・高共通で、基本的には、①「問題の発見・確認、議題の選定」→②「解決に向けての話合い」→③「解決方法の決定」→④「決めたことの実践」→⑤「振り返り」という流れになる（図5-2参照）。

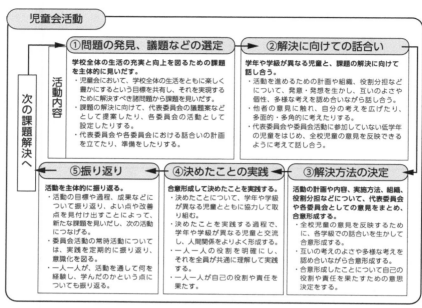

図5-1　児童会活動における学習過程（例）[3]

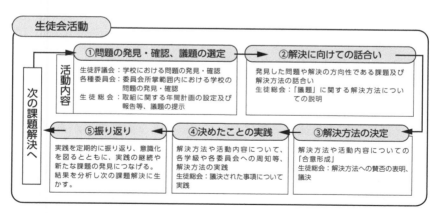

図5-2　生徒会活動における学習過程（例）[4]

第3節

児童会活動・生徒会活動の指導計画・活動計画

① 児童会活動の指導計画・活動計画

　児童会活動は、全校児童が関わる活動であるため、全教職員の共通理解と協力の上で、基本的な枠組みとしての年間指導計画を作成する。その留意点として次のようなことが挙げられる。

(1)　学級や学校、地域の実態、児童の発達の段階などを考慮し、児童による自主的、実践的な活動が助長されるようにする。

(2)　内容相互及び各教科、道徳科、外国語活動、総合的な学習の時間などの指導との関連を図る。

(3)　家庭や地域の人々との連携、社会教育施設等の活用などを工夫する。

(4)　学校の実態を踏まえて児童会活動の組織を編成する。

(5)　学校が作成する児童会活動の年間指導計画は、全校の教職員の参加・協力により、何らかの役割分担をして指導計画を作成する。（表5-4参照）

　　指導計画に示す内容例として、次のものが考えられる。

> 児童会活動の目標、実態と指導方針、組織と構成、活動時間の設定、年間に予想される主な活動、必要な備品や消耗品、活動場所、指導上の留意点、教師の指導体制、評価の観点や方法など

(6)　児童会の計画や運営は、活動のねらいや内容などに応じて、また学校規模に応じて、高学年の児童だけでなく中学年の児童も話合いに参加できるよう配慮することも考える。また、低学年の児童の意見が児童会活動に反映されるように、低学年の学級と代表委員会とが連絡を密にすることも大切である。

　　児童会活動の一般的な活動形態は、次の三つに大別される。

① 代表委員会活動

代表委員会の活動過程として、図5-3のような例が考えられる。

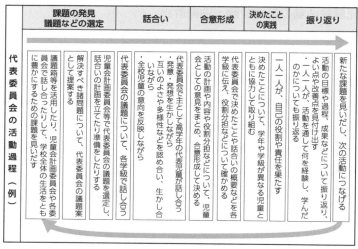

図5-3　代表委員会の活動過程例[5]

代表委員会は、児童会として学校生活の充実と向上を図るために、学校生活に関する諸問題について話し合い、その解決を目指した活動を行う。

② 委員会活動

委員会活動は、主として高学年の全児童が、いくつかの委員会に分かれて、学校全体の生活をともに楽しく豊かにするための活動を分担して行うものである。設置する委員会の種類は、集会、新聞、放送、図書、環境美化、飼育栽培、健康などが考えられる。

指導に当たっては、例えば各委員会から代表委員会に議題を提案したり、児童会集会活動で各委員会からのお知らせをしたりするなどの関連を図ることが大切である。

③　児童会集会活動

　　児童会集会活動は、児童会の主催で行われるものである。形態としては、全校の児童で行うもの、複数学年の児童で行うもの、同学年児童で行われるものなど、多様に考えられる。

　　この活動は、学校行事で行われるものとは異なり、児童の自発的、自治的な活動として行われるものである。

(7)　児童による活動計画の作成

　　児童による活動計画は、教師があらかじめ作成した基本的な枠組みとしての年間指導計画に基づき、教師の適切な指導の下に、児童が具体的な活動について計画を立てたものであり、年間の活動計画と1単位時間の活動計画などがある。

　　活動計画に示す内容については、次のようなものが考えられる。

○年間活動計画
・活動の目標、各月などの活動内容、役割分担　など
○1単位時間の活動計画
・活動名、実施の日時、活動の目標、活動内容・プログラム、準備物、役割分担　など

(8)　委員会への所属は、年間を通して同一の委員会に所属して活動することが望ましい。なお、年度途中で所属変更を希望する児童には、事情をよく聞き取り、適当な機会にその変更を認めるような配慮も考えられる。

(9)　児童会活動の授業時間等の取扱いは、学習指導要領第1章総則の第2の3の(2)において、内容に応じて「年間、学期ごと、月ごとなどに適切な授業時間を充てるものとする。」と示されている。

　　年間指導計画の作成に当たっては、育成を目指す資質・能力と活動内容を十分考慮し、適切な授業時間数を確保することが必要である。(表5-4参照)

表5-4　児童会活動の年間指導計画例

重点目標	○児童会活動に楽しく参加して、異学年の児童と仲よくし、学校生活の充実と向上を目指そうとする自主的、自治的・実践的な態度を育てる。	
代表委員会と各委員会の組織と構成	代表委員会	○5年生以上の各学級代表で構成する。 ○代表委員会の運営は、司会、記録、提案者で構成する児童会計画委員会が行う。（計画委員は、月ごとに交代）
	委員会活動	○児童の希望や発想が生かされる委員会を設置する。
○活動時間の設定 ○設置委員会の活動内容 ○集会内容	代表委員会	○毎月1回　第2水曜日の放課後に実施する。
	委員会活動	○毎月1回　第1木曜日の6校時に実施する。 ・集会委員：集会活動に関する活動 ・新聞委員：校内新聞発行に関する活動 ・放送委員：学級紹介、先生紹介、学校自慢などの活動 ・図書委員：読書週間の計画、貸出し等に関する活動 ・運動委員：運動集会の企画運営、冬の遊びの紹介、体育用具の整理整頓等に関する活動 ・給食委員：給食新聞の発行、給食カレンダー、献立紹介等に関する活動 ・健康委員：石けん補充、「姿勢体操」のビデオづくり、健康ポスター・標語づくり等に関する活動 ・飼育栽培委員：動植物の世話、動物の名前募集、草花紹介、植物の名札づくり等に関する活動
	児童会集会活動	○代表委員会が計画・運営し、1単位時間を使って実施する。 ・1学期「1年生を迎える会」 ・2学期「△小まつり」 ・3学期「卒業を祝う会」 ○集会委員会が計画・運営し、始業前等の短時間で実施する。

月	主な活動 （　）時数	指導のねらい	活動内容
4	○1年生を迎える 　会　　　　　(1) ○委員会活動　(1)	・入学お祝いの気持ちを表す。 ・活動の意義を理解し、1年間の活動計画を立てて自主的な活動を促す。	・歓迎の言葉、校歌、6年生がおんぶして退場 ・自己紹介、活動計画立案、役割分担等
5	○代表委員会　(1) ○なかよし給食	・代表委員会の意義を理解し、前期の活動計画を立案し自主的な活動を促す。 ・異学年交流の給食を楽しみ、人間関係を深める。	・自己紹介、活動計画立案、役割分担等 ・進行、始め・終わりの言葉、簡単なゲーム
6	○代表委員会　(1) ○委員会活動　(1) ○なかよし集会 　　　　　　(1)	・なかよし集会の計画を立てる。 ・学校生活の充実・向上を意識して実践する。 ・異学年交流による楽しいゲームに参加し、人間関係を深める。	・目標、種目、役割 等 ・常時活動の見直し、工夫 ・集会委員の進行、始め・終わりの言葉、じゃんけんゲーム
7	○委員会活動　(1) ○代表委員会　(1) ○お年寄りへの運動会招待状作成	・学校生活の充実・向上を意識して実践する。 ・学校生活の充実・向上を目指して話し合う。 ・高齢者に対して敬愛の気持ちをもつ。	・常時活動の見直し、工夫 ・児童会の問題・改善等 ・案内状作成
9	○代表委員会　(1) ○委員会活動　(1) ○運動会へ参加	・前期の活動の成果と反省を行う。 ・学校生活の充実・向上を意識して実践する。 ・目標づくり、役割等、責任をもって自主的に取り組む。	・活動の成果と反省 ・常時活動の見直し、工夫 ・関連委員会の役割分担・準備・後片づけ
10	○代表委員会　(1) ○委員会活動　(1) ○△△小まつり(1)	・後期の活動計画を立案し、自主的な活動を促す。 ・学校生活の充実・向上を意識して実践する。 ・異学年の交流に、みんなで協力して取り組み、人間関係を深める。	・児童会の問題・改善等 ・常時活動の見直し、工夫 ・進行、始めと終わりの言葉、準備、後片づけ

11	○代表委員会 (1)	・学校生活の充実・向上を目指して話し合う。	・児童会の問題・改善等
	○委員会活動 (1)	・学校生活の充実・向上を意識して実践する。	・常時活動の見直し、工夫
	○公園清掃 (1)	・地域の方との清掃に積極的に参加し、勤労奉仕の大切さを理解する。	・感謝の言葉、ゴミ袋等の準備
12	○代表委員会 (1)	・学校生活の充実・向上を目指して話し合う。	・児童会の問題・改善等
	○委員会活動 (1)	・学校生活の充実・向上を意識して実践する。	・常時活動の見直し、工夫
1	○代表委員会 (1)	・楽しいカルタ大会になる計画を考え、見通しをもって取り組む。	・前年度計画の内容、改善点等の発表、目標・役割・グループ決め。
	○委員会活動 (1)	・学校生活の充実・向上を意識して実践する。	・常時活動の見直し、工夫
	○カルタ大会 (1)	・異学年交流のカルタ取りを楽しみ人間関係を深める。	・進行、始めと終わりの言葉、成績発表、表彰
2	○代表委員会 (1)	・学校生活の充実・向上を目指して話し合う。	・児童会の問題・改善等
	○委員会活動 (1)	・学校生活の充実・向上を意識して実践する。	・常時活動の見直し、工夫
3	○代表委員会 (1)	・後期の活動の成果と反省を行う。	・活動の成果と反省
	○委員会活動 (1)	・学校生活の充実・向上を意識して実践する。	・常時活動の見直し、工夫
	○卒業を祝う会 (1)	・6年生へお世話になった感謝の気持ちを表し、前途を祝う。	・別れの言葉、校歌、手作りプレゼント贈呈
他の教育活動との関連	児童会活動は学校の全児童をもって組織しており、その運営は高学年の児童が主体となって活動する場合が多くなる。したがって、学級活動などとの関連を一層図り、低学年の児童の意見が児童会活動に反映されるようにする。また、クラブ活動、学校行事はもとより、各教科、道徳科、外国語活動、総合的な学習の時間等との関連も図り、児童会活動がより充実し発展していくように配慮する。		

育む資質・能力	1.「知識及び技能」、2.「思考力、判断力、表現力等」、3.「学びに向かう力、人間性等」

② 生徒会活動の指導計画・活動計画

生徒会活動の指導計画は、次のことについて配慮して作成する。

(1)　学校の創意工夫を生かすとともに、学校の実態や生徒の発達の段階などを考慮し、生徒による自主的、実践的な活動が助長されるようにする。

(2)　内容相互及び各教科、道徳科、総合的な学習の時間などの指導との関連を図る。

(3)　家庭や地域の人々との連携、社会教育施設等の活用などを工夫する。

(4)　教師と生徒及び生徒相互の好ましい人間関係を深め積極的に自己を生かしていくことができるように、生徒指導との関連を図る。

(5)　各種の教育活動や生徒の学校生活の流れとの関連を図りながら学校全体として計画的に展開するために、各組織別の指導方針を明確にし、生徒の作成する活動計画を十分配慮に入れて、全教職員の共通理解と協力を基盤に指導計画を作成する。（表5-5参照）

　　　指導計画に示す内容は次のことが考えられる。

> 生徒会活動の目標、組織と構成、活動時間の設定、年間に予想される主な活動、活動場所、必要な備品や消耗品、危機管理や指導上の留意点、指導する教職員の指導体制、評価　など

(6)　生徒会の組織と役割は、おおむね次の通りである。

　　「生徒総会」：全校の生徒による生徒会の最高審議機関

　　「生徒評議会」：生徒総会に次ぐ審議機関

　　「生徒会役員会」：生徒会全体の運営や執行に当たる組織

　　「各種の委員会」：学校の実情や伝統によって種々設けられ、生徒会活動における実践活動の役割を担う組織

生徒会活動を活性化し、その教育的価値を高めていくためには、教師の適切な指導と、活動に必要な場や機会の確保も含めて、一貫した指導体制のもとに運営される必要がある。

(7)　生徒会活動に充てる授業時数は、児童会活動と同様、学習指導要領第1章総則の第2の3の(2)において、内容に応じて「年間、学期ごと、月ごとなどに適切な授業時数を充てるものとする。」と示されている。例えば、各種委員会の話合いの時間を放課後等に定期的に設定するなど、生徒会活動の活性化を図る取組が重要であり、活動計画を全校生徒に周知する機会を設けることも大切である。また、生徒会役員選挙では、選挙管理規則の周知、立候補に関する事務処理、選挙活動、立会演説会、投開票等に必要な時間を適切に充てる工夫が必要となる。

次に、中学校の生徒会活動の年間指導計画例を示す。

表5-5　生徒会活動の年間指導計画例

重点目標	生徒会活動を通して、異年齢の生徒がよりよい学校生活づくりを計画し、協力して諸問題を解決しようとする自主的、実践的な態度を育てる。		
生徒会の組織	生徒総会 生徒評議会（中央委員会） 生徒会役員会　　特別委員会　選挙管理　　各種の委員会　広報、図書、給食、保健安全　美化、学級、運動、集会		
月	主な活動 （　）時数	指導のねらい	活動内容
4	○新入生歓迎会 (1) ○生徒会の紹介 (1)	・新入生に対して、歓迎の気持ちを表す。 ・生徒会活動の概要を理解し、生徒の自主的活動を促す。	・歓迎の言葉、校歌紹介、ゲーム、歓迎カード配付 ・組織・活動内容等の紹介

5	○前期生徒会役員選挙 (1.5)	・選挙を通して、生徒会活動の意義・組織・活動等を理解し、自主的な参画を促す。	・選挙管理委員選出、公示・告示、立会演説会、投票・開票、結果報告、認証式
	○生徒会総会 (1)	・生徒会を自主的に運営する。	・役員紹介・挨拶、活動方針、各種委員会の計画、予算案提案、質疑応答
	○委員会活動 (1)	・前期委員会活動の立案を通して自主的な活動を促す。	・前期活動計画の立案、活動内容・役割等の確認
6	○体育祭への協力（運動会）	・責任をもって係の役割を果たす。	・関連委員会の役割内容・分担の確認、当日の活動
7	○球技大会(2)	・自主的な活動により責任を果たし、楽しい球技大会にする。	・計画立案、運営委員選出、種目・ルールの決定、運営
9	○文化祭	・責任をもって係の役割を果たす。	・関連委員会の役割内容・分担の確認、当日の活動
10	○後期生徒会役員選挙 (1)	・選挙を通して、学校生活の向上を目指し、自主的な運営や活動を促す。	・選挙管理委員選出、公示・告示、候補者の推薦、立会演説会、投票・開票、結果報告、認証式
11	○委員会活動 (1)	・前期の活動を生かして後期の計画を立案し、自主的な活動を促す。	・後期活動計画の立案、活動内容・役割等の確認
12			
1	○小・中交流会 (1)	・小学生と異年齢交流を深める。	・中学校生活の説明、ゲーム、アンケート実施
2	○生徒総会 (1)	・1年間のまとめを行い、発展的活動を促す。	・行事報告、決算報告、次年度の方針
3	○卒業生を送る会 (1)	・卒業生に感謝の気持ちをもつ。	・別れの言葉、在校生歌等発表、プレゼント贈呈

他の教育活動との関連	生徒会活動は、他の教育活動の学習の成果を生かし、活動方針や計画等に当たっていくことが大切である。そのため各教科、道徳科、総合的な学習の時間等との関連も図り、活動のねらいを明確にしたり、活動する内容に広がりをもたせたりすることが大切である。
育む資質・能力	1.「知識及び技能」、2.「思考力、判断力、表現力等」、3.「学びに向かう力、人間性等」

第4節

児童会活動・生徒会活動の指導事例及び学習指導案

① 小学校児童会活動の指導事例及び学習指導案

　児童会活動の指導事例として、O市立U小学校（以下、U小とする）の楽しく豊かな学校生活づくりに進んで参加する「ハッピーコラボキャンペーン」[6]の取組と、その取組における代表委員会の授業の学習指導案を示す。

　U小は小規模校で、異年齢による縦割り班活動が活発に行われていた。児童会目標を「みんなで協力　仲よく楽しいU小〜輝け　笑顔　Uっ子」と設定し、あいさつ運動や縦割り班による児童集会などに取り組んでいる。しかしながら、自分たちの学校生活を振り返り課題を見いだすことがあまりなく、児童会目標の達成を目指した活動になっていなかった。

　そこで、前期の活動の振り返りアンケートをもとに、代表委員会で後期の児童会の様々な活動の在り方を話し合い、自分たちの学校をもっと楽しく豊かなものにするために、各委員会の活動と代表委員会の計画する活動を連携・協働（コラボレーション）して取り組む「ハッピーコラボキャンペーン」を計画した。

　以下、この計画に取り組んだ代表委員会の学習指導案を示す。

U小学校　児童会活動（代表委員会活動）　学習指導案

1　日　時　○年○月○日（○）時限
2　構　成　代表委員会児童　○名
3　活動名　「ハッピーコラボキャンペーン」で児童会目標を達成しよう
4　目　標　(1)　「ハッピーコラボキャンペーン」の活動を通して、全校児童のつながりを深めることができるようにする。
　　　　　　(2)　「ハッピーコラボキャンペーン」の活動に進んで参画して、リーダーシップ・フォロワーシップを発揮し、主体的に実践することができるようにする。

5　指導に当たって
(1)　児童の実態　　　（省略）
(2)　活動設定の理由　（省略）
(3)　指導のねらい
○　全校児童に、一人一人がより楽しく豊かな学校づくりに参画しているという意識を育て、全校児童が協力し、めあて意識をもって実践活動に取り組むことができるようにする。
○　代表委員会児童に主体的なリーダーシップを育てるとともに、全校児童同士のつながりを深め、よりよい学校生活づくりを目指して自主的に活動しようとする意識を育てるようにする。

6　指導計画

活動過程		活動内容	指導者の働きかけ	○目指す児童の姿（観点）・評価方法
みつける	問題収集・課題発見	○月下旬（運営・計画委員児童）	○前期の児童会の活動を振り返るアンケートをとる。 ・全校児童 ・代表委員会児童 【アンケート内容】 　児童会目標の「みんなで協力　仲よく楽しいＵ小」は、達成できていますか。	・児童会目標を意識してアンケートを実施し、その結果から自分たちの学校生活における課題に気付くことができるようにする。	○学校生活の中で問題意識をもつことができている。（知識・技能）・アンケート
ひろめる	話合いに向けた計画立案	○月上旬（運営・計画委員児童）	○代表委員会の計画を立てる。 ・議題、話合いのめあて、話合いの柱 ・議長団の役割と、進め方の打ち合わせ ・活動のめあて（原案）	・話合いを活発に進めることができるような計画を立てられるよう助言する。 ・議長団に、話合いの進め方について事前指導をしておく。	○前回の振り返りを踏まえた計画が立てられている。（思考・判断・表現）・観察
ふかめる	代表委員会に向けた準備	○月○日昼休み（代表委員会児童）	○前期のアンケート結果を見て、課題に気付く。 ○様々な考えを聞きながら自分の考えやその理由を代表委員会ノートに書く。	・話合いのめあてに沿って自分の考えを代表委員会ノートに書くようにする。 ・今まで取り組んできた活動の事例を提示する。 ・代表委員会ノートに目を通し、アドバイスや励ましの言葉を記入する。	○学校生活上の諸問題に気付き、よりよい活動を考え出そうとしている。（思考・判断・表現）・ノート、観察
つなぐ	代表委員会	○月○日	（本時の活動を参照）	（本時の活動を参照）	（本時の活動を参照）

はたらく	実践活動①	○月上旬（代表委員会児童）	○「ハッピーコラボキャンペーン」に向けた話合いで決定した内容を基に役割分担して準備をする。○児童会新聞や児童集会で、決まったことを呼びかける。	○委員会担当者に、決まったことを伝える。○準備をする担当や内容を決めることを助言する。○全校児童に知らせるための工夫を児童とともに考え、広報活動をすすめる。	○高学年がリーダーシップを発揮し、助け合って活動している。（主体的態度）・観察
	実践活動②	○月下旬（各委員会児童、全校児童）	○「ハッピーコラボキャンペーン」に取り組む。○自分の役割や内容、取り組む時期などを理解し、責任をもって活動する。	○決定した活動のめあてや工夫を生かして取り組むことができるように支援する。	○めあてを実現するために、決まった役割を最後までやり遂げている。（主体的態度）・観察
いかす	評価と次への課題	○月中旬（代表委員会児童）	○これまでの活動を振り返る。○アンケートを取り、集計結果や活動後の感想を集め、掲示する。	○実践後のアンケートを取ることで、振り返りができるようにする。	○次に生かせるような振り返りができている。（主体的態度）・アンケート

7　本時の活動

(1)　議　題　「ハッピーコラボキャンペーン」の計画を立てよう

(2)　ねらい　○　もっとみんなが笑顔になれるような「ハッピーコラボキャンペーン」の活動内容を考えることができるようにする。

　　　　　　○　互いの意見を大切にしながら、話合いを進めることができるようにする。

（3）　活動計画

議題		「ハッピーコラボキャンペーン」の計画を立てよう		
提案理由		U小のみんなが、もっと笑顔になれるように、みんなで協力して「ハッピーコラボキャンペーン」に取り組むことができれば、児童会目標の100%の達成ができるからです。		
話合いのめあて		児童会目標の達成に向けた活動になるように話し合おう。		
活動内容	分	指導者の働きかけ	準備物	○目指す児童の姿（観点）・評価方法
1　はじめのことば	1	・役割児童の自覚を高めるために、発言内容を確認しておく。	代表委員会ノート	○自ら進んで活動に取り組んでいる。（主体的態度）・観察
2　役割紹介 3　議題の確かめ	1 1	《決まっていること》 活動名：ハッピーコラボキャンペーン 日　時：各委員会で決定 活動のめあて：「ハッピーコラボキャンペーン」でもっと笑顔になろう		
4　提案理由の説明	1			
5　話合いのめあての確かめ	1			
6　決まっていることの確かめ	3	・児童に分かりやすく示すことができるようにする。		
7　話合い 【話合いの柱①】 児童会目標にもっと近づくための活動を考えよう	15	・話合いのめあてや提案理由に沿った話合いになるように助言する。 ・代表委員会ノートを基に自分の考えを発表できるようにする。	短冊 ホワイトボード	○適切な発表になっている。（思考・判断・表現）・発表、観察
【話合いの柱②】 各委員会で取り組むことができそうな活動内容を考えよう	15	・代表委員ができる活動と委員会で行う活動について分類、整理するように助言する。		○友達のよいところを認め合う意見が出せている。（思考・判断・表現）・発表、観察
8　話し合ったことの確かめ	2	・決定事項を具体的に発表できるように助言する。		○意見をまとめることができている。（知識・技能）

9　振り返り	3	・振り返りをワークシートに記入できるようにする。	ワークシート	・観察 ○振り返りができている。 （主体的態度） ・ワークシート
10　先生の話	1	・話合いでよかったことを称賛し、決定したことは意欲をもって取り組むように励ます。		
11　おわりのことば	1			

［本指導事例の成果］

　代表委員会の話合いの結果、「あいさつ週間」（代表委員会児童）、「読書週間の読み聞かせ」（図書委員会）、「縦割り清掃」（環境委員会）、「お仕事紹介インタビュー」（放送委員会）、「風邪予防の呼びかけ」（健康委員会）等の活動を、児童会目標達成の活動として連携・協働して取り組むことができた。

　実践後のアンケートでは、児童会目標の達成度が91％から97％と6ポイント上昇した。

　活動を通して、5・6年生の児童がリーダーシップを発揮して下学年が楽しめるように活動を進め、全校児童の交流が深まり異年齢のよりよい人間関係が形成された。また、全校規模で取り組む活動のため、全教職員に対して事前に共通理解を図り、児童が目標を達成することができるような協力体制を組むことができた。

② 中学校生徒会活動の指導事例

　生徒会活動の指導事例として、H市立中学校生徒会交流会の実践[7]について示す。

　この生徒会交流会は、25年前の1994（平成6）年度より、H市立中学校特別活動研究会の取組として四つの目標の下に始まった。その目標として、①生徒会交流会を通して各校の生徒会活動を活性化する。②リーダ

ーを育成する。③各学校の活動報告を聞き自校に活かせるものを知る。④H市中学校生徒会全体で共通したテーマを決定することを掲げ、毎年、生徒会交流会を行っている。交流会前には指導担当者会議を開催し、年度の取組内容やテーマをどのようにするかを調整している。立ち上げ当初は全26校がすべて集まることは難しく、参加する学校が少ない年もあった。しかし近年では市内全校から参加があり、活発な活動が行われている。

　指導に当たるH市中学校特別活動研究会では、当初設定した四つの目標を大切にしながら、H市一体となって、生徒が主体的に活動できる取組を作りたいとしている。また、その取組を通して、学校のリーダーとしての自分たちの学校の課題を見つめ、自分の学校をよりよくしていこうと積極的に行動できる生徒の育成を目指している。

　以下に、具体的な指導として三事例を紹介する。

(1) 東日本大震災復興支援募金の取組

　2011（平成23）年3月に発生した東日本大震災について、2011年度からH市全中学校の生徒会が参加して「自分たちに今何ができるか」をテーマに交流会を行った。第1回目には意見交流を行い、第2回目には①義援金の募金活動、②被災地に向けた共通スローガン作り、③メッセージボード作成等の取組を決めた。義援金は、支援活動の一つとして「みんなで力を合わせて復興支援に向けた募金活動をしよう」と市内の駅前、商店街、大型施設など、多くの人が集まる場所で募金活動を行って集めた。スローガンは「HEART TO HEART つながろう日本 つなげよう日本」と決まった。

　第3回目の交流会では、「H市立中学校生徒会による大震災復興支援式典」を行い、H市の市長と教育長に、義援金とメッセージボードを渡した。その後、姉妹都市であるR市を訪問し、被災地の被害の大きさや被災者の様子などを視察し、帰校後、各学校で報告会を行った。

　今回の取組を通じて、生徒たちは、被災地の方々の復興に向けた

努力や人々の絆の大切さを学ぶことができた。次に示す生徒の言葉は、H市生徒会交流会の報告書[8]に掲載された生徒の感想である。

> 今回の災害を通じて私たちは被災地の方々の復興に向けた努力や人々の絆の大切さを学ばせていただきました。 それは遠く離れた東北だけではありません。クラスメイト、家族、先生、地域の方々といったとても身近な人の存在です。いつも反発してしまうお父さん、お母さん。いつも優しいおじいちゃん、おばあちゃん。しんどいことも、楽しいことも共に過ごす仲間。厳しく叱ってくれ、思いっきりほめてくれる先生。この当たり前の存在が、実は一番大切だということに気づきました。これからも私たちの学校生活に活かすとともに、「未来に向けて何が出来るか」を考え、行動していきたいと思います。

(2)　いじめ撲滅宣言の取組

　この取組は、2014（平成 26）年度にH市の教育委員会とも連携して行った。交流会では、この宣言を行う意義や目的を確認したあと、各校で考えてきた宣言内容をもとにしてグループ討議で「いじめ撲滅宣言」の内容を検討し、深めていった。キャッチフレーズも考え、参加者の投票で、「助け合おう、怖がらずに、『やめようや』」と、「君の勇気でいじめはなくなる “た・こ・や・き”」と決定した。完成した「H市立中学校いじめ撲滅宣言」を市長に渡すとともに、ポスターと宣言文を、各中学校の全校集会で共有し、校内に掲示している。

(3)　ラグビーW杯応援ポスター作成の取組

　H市には、ラグビーの聖地であるラグビー場がある。2019（平成元）年に日本で行われたラグビーワールドカップを生徒会で盛り上げようと、市議会場で討論会を行った。その結果、キャッチコピーとポスターを各校で出場国を分担して作成することに決まった。

　出来上がったポスターはラグビー場周辺や最寄り駅、H市庁舎、そして各小・中学校に掲示をお願いし、了解を得ることができた。この生徒会の取組を通して、H市の 25 中学校は、文字通り「ＯＮＥ　ＴＥＡＭ」になれたと感じた。

第5節

児童会活動・生徒会活動の指導のポイント

１　小学校児童会活動の指導のポイント

児童会活動の指導に当たって留意する点について述べる。

(1)　児童の自発的、自治的な活動が効果的に展開されるようにする

　児童会活動では、主権者教育の視点から、学校全体の生活をともに楽しく豊かにするために自分たちできまりをつくって守る、という活動を充実するために、自発的、自治的な活動の機会をより多く設定することが求められる。したがって全校のすべての教師による指導体制を確立し、楽しく豊かな学校生活づくりに進んで参画できるように、組織的な指導に当たることが大切である。また、児童会活動は全校児童による組織的な集団活動であるので、異年齢集団による活動の場や機会をより多く設定し充実させることが求められる。そのため、教師は、児童の力で解決できない内容など、自治的、自発的な活動として任せられない条件を明確にして指導に当たる必要がある。その際、児童が選定した活動内容が、児童会活動の目標達成にふさわしいか、児童の負担過重になっていないか等に配慮することが求められる。児童会においていじめの未然防止に関わる活動に取り組む場合は、いじめ防止対策推進法（平成 25 年法律第 71 号）の趣旨を踏まえ、児童会活動の特質に十分留意しながら、児童が自主的、実践的に取り組むことができるように支援する必要がある。

(2)　内容相互の関連を図るようにする

　児童会活動は、学級活動との関連を図って指導することで、活性化や充実が期待できる。例えば、学級活動で、児童が学級会や係活動、集会活動で自発的、自治的な活動を経験することで、児童会の代表委員会や委員会活動への積極的参画の土壌を育んでいく。

また、児童会活動の積極的な取組の経験が学級生活にも生かされるという往還的な効果が期待できる。さらに、クラブ活動や学校行事との関連においても、それぞれの活動や行事のねらいや趣旨に応じ、児童会が連携・協力することで、双方の充実や発展が期待できる。

2 中・高等学校生徒会活動の指導のポイント

中・高等学校の生徒会活動の指導のポイントについて述べる。

(1) 生徒の自発的、自治的な活動が効果的に展開されるようにする

生徒の自発的、自治的な諸活動を充実するためのポイントは次の三点である。

集団における諸活動を充実させるための民主的な手続きとしての話合い活動により、集団の総意の下に取り組み、意見をまとめるなどの話合い活動を充実する。

学校生活上の問題を解決して、学校生活を充実・改善することや、また自主的な学校生活の充実と向上のために、自分たちできまりをつくって守る活動を充実する。

他学年生徒と関わる活動やボランティア活動などを生徒が自発的、自治的に行うことを通して、人間関係を形成する力を養う活動を充実する。

(2) 内容相互の関連を図るようにする

自発的、自治的な活動を積極的に展開するために、生徒総会、新入生を迎える会などの生徒会の行事は準備の時間も含めて学校の年間計画に位置付けることが必要になる。さらに、ボランティア活動などについても、学校の創意を生かして相互の関連を図る。

(3) 異年齢集団による交流を充実させる

生徒会活動として、校内の活動とともに、広く学校外の事象に関心が向けられるように支援する。学校外の活動については、その教

　育的なねらいを十分に吟味し、教職員全体の共通理解と適切な指導の下に、家庭や地域との連携・協力を図っていく。

引用文献

1)　文部科学省『小学校学習指導要領（平成29年告示）解説　特別活動編』東洋館出版社　平成30年　p84

　　同上書　『中学校学習指導要領 （平成29年告示）解説　特別活動編』東山書房　平成30年　p74

　　同上書　『高等学校学習指導要領（平成30年告示）解説　特別活動編』東京書籍　平成31年　p70

2)　文部科学省『小学校学習指導要領（平成29年告示）解説　特別活動編』東洋館出版社　平成30年　p86

　　同上書　『中学校学習指導要領（平成29年告示）解説　特別活動編』東山書房　平成30年　p 76

　　同上書　『高等学校学習指導要領（平成30年告示）解説　特別活動編』東京書籍　平成31年　pp71-72

3)　文部科学省『小学校学習指導要領（平成29年告示）解説　特別活動編』東洋館出版社　平成30年　p86

4)　文部科学省『中学校学習指導要領（平成29年告示）解説　特別活動編』東山書房　平成30年　p75

5)　文部科学省『小学校学習指導要領（平成29年告示）解説　特別活動編』東洋館出版社　平成30年　p96

6)　大阪市小学校教育研究会児童会活動部『平成30年度大阪市教育研究会「がんばる先生支援」グループ研究B　児童会活動部研究報告書』平成31年　pp17-34

7)　大阪府小中学校特別活動研究会「府特活会報第9号」令和2年　p6

8)　大阪府ホームページ＞「平成23年東大阪市立中学校生徒会交流会」

http://www.pref.osaka.lg.jp/attach/15119/00094313/higasioosaka.pdf

（参照日：2020.7.3）

コラム⑥

特別活動におけるいじめ問題の指導

　いじめ問題に関して特別活動が果たす最も大きな役割はいじめの早期発見と未然防止にある。互いの人格を尊重し合って生きることの大切さを実践的に学ぶことは、その集団への所属感や連帯感、互いの心理的な結びつきなどが培われる。それはまさしくいじめの未然防止につながる。また、その指導に当たっては生徒指導との効果的な関連を重視することも大切である。

　以下に小・中学校での指導実践を紹介する。

1　学級活動 (1)　学級や学校における生活づくりへの参画

　ア　学級や学校における生活上の諸問題の解決

　　　学級内でのいじめ等の課題に気付き、自分たちの生活をよりよくするための解決策を学級会で話し合い、合意形成を図り具体的に実践する。

2　学級活動 (2)　日常の生活や学習への適応と自己の成長及び健康安全

　イ　よりよい人間関係の形成

　　題材例「友だちを大切に」（小 4 年生）

　　　例えば、友だちから仲間外れや無視をされたりした経験などのアンケートをもとに学級集団の課題を把握する（つかむ）。その原因を追求し（さぐる）、解決方法を話し合う（見つける）ことを通して、一人一人が具体的な個人目標を意思決定し（決める）、健全な生活態度を形成する。

3　児童会・生徒会活動での実践例

　　○　児童会・生徒会の集会活動　例「いじめをなくそう集会」を企画・運営する。

　　○　各委員会活動におけるいじめ防止に関する取り組み

　　　　いじめ防止ポスターや標語（広報委員会）、いじめ防止スローガンを呼びかける（情報委員会）

　　○　代表委員会活動での取り組み

　　　　全校からいじめを防ぐ（なくす）方法を募集し、学校としていじめ撲滅の宣言を採択し、意見発表会等を実施する。場合によっては、近隣の生徒会連絡会等の組織を活用して情報交換を行ったり意見交換会などのイベントを企画運営したりする。

　以上のように、特別活動において児童生徒がいじめ問題を自分ごととして受け止め、自主的、実践的に取り組むことはいじめの早期発見と未然防止に極めて効果的である。

参考資料

○　国立教育政策研究所　『特別活動指導資料　みんなで、よりよい学級・学校生活をつくる特別活動（小学校編）』　平成 31 年
○　国立教育政策研究所　『特別活動指導資料　学級・学校文化を創る特別活動（中学校編）』平成 28 年

　　　　　　　　　　　　　　　　　　　　　　　　　　　（大石浩之）

第 6 章

クラブ活動（小学校）の
目標・内容・計画

　明治期、課外の活動として最も早く始まったのはクラブ活動であり、それは、上級学校の生徒の間から自然発生的に生まれ、今日は教育課程内のクラブ活動として小学校で実施している。中学校では1998（平成10）年、高等学校ではその翌年の学習指導要領の改訂でクラブ活動は廃止され、現在は教育課程外の位置付けで部活動として実施されている。

　小学校のクラブ活動は、主として第4学年以上の同好の児童が、学年や学級の所属を離れて組織するクラブにおいて、異年齢集団の交流を深め、共通の興味・関心を追求する活動であり、児童たちが学校生活の中で楽しく取り組み、個性の伸長を図ることができる教育活動である。

　クラブ活動の目標・内容・指導計画は、小学校学習指導要領解説特別活動編に次の内容で示されている。

第1節

クラブ活動の目標・内容

1　クラブ活動の目標[1]

> 　異年齢の児童同士で協力し、共通の興味・関心を追求する集団活動の計画を立てて運営することに自主的、実践的に取り組むことを通して、個性の伸長を図りながら、第1の目標に掲げる資質・能力を育成することを目指す。

　クラブ活動は、自主的、実践的に取り組む集団活動を通して、個性の伸長を図りながら、特別活動の全体目標に掲げる　○生きて働く「知識及び技能」の習得　○未知の状況にも対応できる「思考力・判断力・表現力等」の育成　○学びを人生や社会に生かそうとする「学びに向かう力、人間性等」の涵養等の資質・能力を育成することにある。

②　クラブの内容

　今回の学習指導要領の改訂におけるクラブ活動の内容は、大きく変わってはいないが、内容をより具体的に示すことによって、クラブ活動の一層の充実を図ることを目指している。なお、示し方で変更のあった部分は、改訂前の「(1) クラブの計画や運営」が「(1) クラブの組織づくりとクラブ活動の計画や運営」となり、児童が主体的にクラブの組織づくりに取り組むことの重要性が一層強調されている。次にクラブ活動の内容を示す。

クラブ活動の内容[2)]

(1)　クラブの組織づくりとクラブ活動の計画や運営 (2)　クラブを楽しむ活動 (3)　クラブの成果の発表

(1)　「**クラブの組織づくりとクラブの計画や運営**」では、児童が、教師の適切な指導の下に自発的、自治的な活動としてクラブ活動を展開できるようにする。そのため、教師が作成した指導計画に基づき年間や学期、月ごとなどに児童が活動計画を立て、役割を分担し、協力して運営に当たることができるようにする。

(2)　「**クラブを楽しむ活動**」では、児童が、教師の適切な指導の下に作成した活動計画に基づいて、異なる学年の児童が仲よく協力し、創意工夫を生かしながら自発的、自治的に共通の興味・関心を追求することを楽しむことができる活動にする。

(3)　「**クラブの成果の発表**」では、児童が共通の興味・関心を追求してきた成果を、クラブ成員の発意・発想による計画に基づき、協力して全校の児童や地域の人々に発表できる活動にする。

第2節

クラブ活動の学習過程

　クラブ活動の学習過程は、年間を通した一連の学習過程と、1単位時間の活動の学習過程からなる。年間を通しての学習過程は、クラブ活動の内容の(1)、(2)、(3)に対応している。年度の初めに、「クラブの組織づくりとクラブ活動の計画や運営」について児童がクラブ活動の活動計画や役割分担などを話し合って合意形成し、活動計画に基づいて「クラブを楽しむ活動」を行う。1単位時間の「クラブを楽しむ活動」も児童の自発的、自治的な活動であり、クラブの状況に応じて内容について話し合ったり、役割分担を行ったりする。そうした過程を経て「クラブの成果発表」を行うとともに、振り返りの活動を行う。このような学習過程を踏まえて、必要な授業時数を確保するとともに、児童の自発的、自治的な活動が展開できるようにすることが必要である。

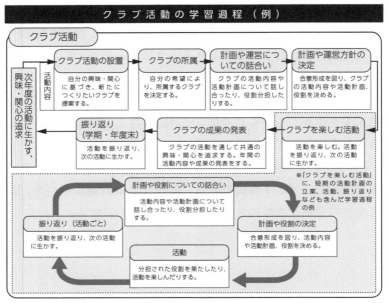

図6-1　クラブ活動の学習過程 [3]

第3節

クラブ活動の指導計画・活動計画

表6-1　クラブ活動の指導計画の作成 4)（概要）

(1)　学級や学校・地域の実態や児童の発達の段階などを考慮し、児童による自主的、実践的な活動が助長されるようにする。

(2)　内容相互及び各教科、道徳科、外国語活動、総合的な学習の時間などの指導との関連を図る。

(3)　家庭や地域の人々との連携、社会教育施設等の活用などを工夫する。

(4)　クラブの設置

　ア．児童の興味・関心ができるだけ生かされるようにすること

　イ．教科的な色彩の濃い活動を行うクラブ活動の組織にならないこと

　ウ．学校や地域の実態を踏まえること

(5)　学校が作成するクラブ活動の年間指導計画

　ア．全校の教職員が関わって指導計画を作成すること

　イ．指導計画に示す内容

　　○学校におけるクラブ活動の目標

　　○クラブ活動の実態と指導の方針　　○クラブの組織づくりと構成

　　○活動時間の設定　　　　　　　　　○年間に予想される主な活動

　　○活動に必要な備品、消耗品　　　　○活動場所

　　○指導上の留意点　　　　　　　　　○クラブを指導する教師の指導体制

　　○評価の観点と方法など

　ウ．実施学年

　　　クラブ活動は、主として第4学年以上の児童による活動であるが、例えば小規模校においては第3学年以下の学年からの実施も考えられる。

　エ．クラブへの所属

　　　その学年において同一クラブに所属して活動することを原則とすることが望ましい。しかし、児童によっては、当初の興味・関心を持続できず、途中でクラブの所属変更を希望することがある。このような児童については、事情によっては、適切な機会にその変更を認めるような配慮も考えられる。

　オ．時間の取り方

　　　クラブ活動の授業時数等の取扱いについては、学習指導要領第1章総則の第2の3の(2)で「イ．特別活動の授業のうち、児童会活動、クラブ活動及び学校行事については、それらの内容に応じ、年間、学期ごと、月ごとなどに適切な授業時数を充てるものとする。」と示されている。

　以下に、教師の作成するクラブ活動の年間指導計画と球技クラブの年間指導計画を、また、児童が教師の指導の下に作成する球技クラブの年間活動計画の例を示す。

表6-2　クラブ活動　年間指導計画　（例）　　　　　○○小学校

重点目標	みんなで話し合い、楽しく自主的に活動し、個性を伸長するとともに人間関係を豊かにする。
組　　織	○　第4学年以上の児童で組織する。
指導担当	○　1クラブ、複数の教員が担当する。
活動日時	○　毎月第2・3・4・(5)　木曜日　第6校時　　年間20〜25時間程度
活動内容	(1)　クラブの組織づくりとクラブ活動の計画や運営　(2)　クラブを楽しむ活動　(3)　クラブの成果の発表
設置クラブ	○　科学、イラスト、パソコン、ゲーム、料理&手芸、リズム、卓球、バドミントン、球技等

月	主な活動	指導上の留意点
4	○組織づくりとクラブ活動の計画や運営 ○クラブを楽しむ活動	・4月当初、4〜6年生対象に、児童の希望を生かし、クラブの人数調整と所属の決定を行う。 ・活動計画に基づく必要経費の予算化を行う。
5	○クラブを楽しむ活動	・クラブの意義を理解し、学年・学級の枠を超えて仲よく協力し、信頼し合えるような活動を促す。
6	○クラブを楽しむ活動	・個人的な活動になりやすいものは、共同制作などを取り入れ、集団活動に高め、人間関係を深める。
7	○クラブを楽しむ活動	
9	○組織づくりとクラブ活動の計画や運営 ○クラブを楽しむ活動	・発達の段階や技能差が大きくならないように、ルールや活動方法等を工夫できるようにする。 ・活動時間を確保し、自主的、計画的に楽しい活動になるようにする。
10	○クラブを楽しむ活動	・毎時、活動記録カードに感想や自己評価を記入し、次に生かせるようにする。
11	○クラブを楽しむ活動	
12	○クラブの組織づくりとクラブ活動の計画や運営 ○クラブを楽しむ活動 ○クラブ見学会	・外部講師、ボランティアへ依頼する場合、児童の発意を大切にし、技能の習得だけが目的でないことを伝えておく。
1	○クラブを楽しむ活動 ○クラブ成果の発表会	
2	○クラブを楽しむ活動	・4〜5年生対象に、次年度、設置したいクラブの希望調査を行う。

3	○クラブの組織づくりとクラブ活動の計画や運営 ○クラブを楽しむ活動	・3～5年生対象に、次年度、入部したいクラブの調査を行う。
他の教育活動との関連	特別活動の内容相互の関連を図るとともに、各教科等との関連も図り、クラブ活動が効果的に展開できるようにする。	
育む資質・能力	1.知識及び技能 2.思考力、判断力、表現力等 3.学びに向かう力、人間性等	
評価規準の観点	1.知識及び技能 2.思考力、判断力、表現力等 3.主体的に学習に取り組む態度 ※評価規準の文書内容は、「この学習で身に付けさせたい能力」を記述する。	

表6-3　球技クラブ　年間指導計画　（例）　　　　　　　○○小学校

ねらい	互いに助け合って協力し、自主的に計画を立てて楽しく活動する。		
学　期	主な活動	指導上の留意点	準備物
1	○年間活動計画を立て、活動のめあてを決める。 ○どんな種目がしたいのか、意見を出し合う。 ○グループを決める。 ○計画に沿ってドッジボールを楽しむ。 ○1学期の振り返りを行う。	○前年度の活動記録を参考にする。 ○教え合うことのできる無理のない種目を提案できるようにする。 ○学年、経験、技能差を考慮したグループに分かれることができるようにする。 ○話合いの機会をもち、協力できた点を認め合えるようにする。 ○努力したことを称賛する。振り返りを今後の活動に生かす。	・前年度の記録ノート、クラブノート、個人カード、ドッジボール用具、ふえ

2	○2学期の活動計画を確認し、役割やグループを決める。 ○計画に沿ってソフトボールを楽しむ。 ○クラブ見学会 ○2学期の振り返りを行う。	○1学期の活動の成果と振り返りを生かせるようにする。 ○練習方法等を工夫し、楽しく活動できるようにする。また、個人カードの活用を図る。 ○活動の成果が出るようにする。 ○努力したことを称賛する。振り返りを今後の活動に生かす。	・クラブノート、個人カード、ソフトボール用具、ふえ
3	○3学期の活動計画を確認し、役割やグループを決める。 ○計画に沿ってサッカーを楽しむ。 ○クラブ発表会 ○3学期と1年間の振り返りを行う。	○2学期の成果と振り返りを生かせるようにする。 ○これまでの経験を生かし、より楽しく活動できるようにする。 ○活動の成果をまとめて発表できるようにする。 ○クラブ活動で学んだ事を確認するとともに、資料や振り返り記録等を申し送れるようにする。	・クラブノート、個人カード、サッカー用具、ふえ

［**育む資質・能力**］1. 知識及び技能、2. 思考力、判断力、表現力等、3. 学びに向かう力、人間性等

（児童作成）　表6-4　球技クラブ　年間活動計画　（例）　　　　　○○小学校

（ 球 技 ） クラブ活動計画				
めあて	みんなで話し合って仲よく協力し、楽しい球技クラブにする。			
役　割	クラブ代表［○○○○］　副クラブ代表［○○○○］　記録　［○○○○］			
学　期	月	主な活動内容	時間	準備物
1	4	○自己紹介、役割、めあてを決め、年間活動計画と1学期の活動計画を立てる。 ○協力してドッジボールを楽しむ。	1 1	・クラブノート、個人カード ・クラブノート、個人カード、ボール、ライン引き
	5	○計画にそって、ドッジボールを楽しむ。	2	・クラブノート、個人カード、ボール、ライン引き
	6	○計画にそって、ドッジボールを楽しむ。	3	・クラブノート、個人カード、ボール、ライン引き
	7	○計画にそって、ドッジボールを楽しむ。 ○1学期のまとめと振り返り	1	・クラブノート、個人カード、ボール、ライン引き ・クラブノート、個人カード
2	9	○役割を決める。2学期の活動計画を確認する。めあての見直し。 ○計画にそって、ソフトボールを楽しむ。	1 1	・クラブノート、個人カード ・クラブノート、個人カード、ボール、バット、ベース、得点板
	10	○計画にそって、ソフトボールを楽しむ。	2	・クラブノート、個人カード、ボール、バット、ベース、得点板
	11	○計画にそって、ソフトボールを楽しむ。	2	・クラブノート、個人カード、ボール、バット、ベース、得点板

	12	○計画にそって、ソフトボールを楽しむ。	1	・クラブノート、個人カード、ボール、バット、ベース、得点板
		○クラブ見学会 １学期のまとめと振り返り	1	・クラブノート、個人カード
3	1	○役割を決める。３学期の活動計画を確認する。めあての見直し。	1	・クラブノート、個人カード
		○計画にそって、サッカーを楽しむ。	1	・クラブノート、個人カード、ボール、ふえ、得点板
		○クラブ発表会	1	・発表原稿、個人カード
	2	○計画にそって、サッカーを楽しむ。	2	・クラブノート、個人カード、ボール、ふえ、得点板
	3	○計画にそって、サッカーを楽しむ。	1	・クラブノート、個人カード、ボール、ふえ、得点板
		○１年間のまとめと振り返り		・クラブノート、個人カード

第4節

クラブ活動の指導事例及び学習指導案

1 指導事例

　指導者は、クラブ活動を通して、児童たちの運動や科学・芸術等に対する関心や意欲の向上を図り、クラブ活動で学んだことが、豊かな生涯学習への基礎を培うことを意識して指導に当たりたい。

　なお、クラブ活動には、活動時間の確保や保護者の関心・理解を深めること、また地域社会との交流・連携を推進すること等も課題として挙げられる。これらの課題の解消につながる参考として、二つの小学校の事例を紹介する。

[クラブ見学会・発表会を土曜授業日に実施した事例]

　近年、教科の指導内容の増加に伴い、毎週クラブ活動を実施することは困難になってきた。そのためクラブ見学会・発表会の時間設定・方法等についても各学校において工夫しなければならない現状が見られる。

　その工夫の一つとして、O市立K小学校（児童数461名）では、2月の土曜授業において、クラブ見学会・発表会を実施している。当日、1限目は授業時間を10分間延長してクラブ見学会・発表会に当て、2・3時限目に教科指導を行っている。当日の1時限目、1～3年生はクラブ活動を見学し、4～6年生は平素のクラブ活動の成果を発表する。この間、保護者にはすべてのクラブ活動を参観できるようにしている。

　この実践により、1・2年生は、実際にクラブ活動を見ることによって、クラブ活動に対する興味・関心をもち始めるとともに上学年の自主的な活躍に感動する。3年生は次年度のクラブ入部にあたり、クラブ活動の様子を見学しながら自分の希望するクラブを絞ることのできる機会になっている。4～6年生は平素のクラブ活動の成果を発表することにより、成就感を得ることができ次への活動意欲が高まっている。保護者は平素見る機会の無かった児童の自主的、自治的なクラブ活動の様子から、クラブ活動及び学校教育のよさを理解する機会となっている。

　本事例は土曜学習参観日にクラブ活動の見学会・発表会を設定することによって、クラブ活動の時間を確保するとともに、児童の人間関係や活動意欲を高め、1～3年生児童・保護者のクラブ活動に対する理解を深めることのできた事例である。

[地域行事に和太鼓クラブが参加し、地域の人々とのふれ合いを深めた事例]

　昨今、少子・高齢化、情報化等とともに地域の人間関係の希薄化も問題になっている。2006（平成18）年の教育基本法の改正では、新たに「学校、家庭及び地域住民等の相互の連携協力」が示され、その後も連携協力の促進に一層資することが求められている。

　O市立D小学校（児童数255名）は、地域行事「子ども文化祭」に和太鼓クラブが参加し、地域との交流を図っている。文化祭当日は、和太鼓クラブの児童たちが力強く太鼓を打ち鳴らすバチさばきと、体中に響き渡る音に地域の人々から大きな拍手をいただくことができた。発表を終えた和太鼓クラブの児童たちの高揚した表情から、地域の一員として役立つことのできた喜びや、力いっぱいの発表を終えた満足感等を窺うことができた。和太鼓クラブの地域行事への積極的な参加を通して、学校と地域の連携や、お互いのふれ合いは深まり、児童のやる気や社会性等も育むことができた。また、「地域とともにある学校づくり」・「児童の社会参画」を具現化した事例となった。

　新学習指導要領において目指している21世紀に必要な資質・能力の中で、「実践力」を構成する力には、人間関係形成、社会参画、自己実現が挙げられており、これらの力は上記に紹介した二つの小学校の事例においても育まれていることが理解できる。

② クラブ活動の学習指導案
[パソコンクラブの一単位時間の学習指導案（例）]

　1　日時　　　○○年○月○日（6時限）
　2　構成人数　4年6名　5年7名　6年9名　　計22名
　3　活動名　「みんなでアニメーションづくりをしよう」
　4　指導に当たって

　　個人的な活動になりやすいパソコンクラブの活動を「集団活動」に高めるために、児童たちが教え合うことや共同制作等の大切さなどを理解し、仲よく楽しく活動できる計画が立てられるようにしたい。

　　今年度の活動は、児童の希望を尊重し、タブレットの基本的な操作について教え合った後、アニメーションづくり、写真撮影等に取

り組むことにした。

　指導においては、リーダーの経験を活かしながら、協力できる人間関係を大切にし、児童の個性の伸長を図り、自主的な実践態度で取り組めるようにしたい。

5　本時の活動に至るまでの経緯

　　2学期10月から5時間計画で取り組む。本時 4/ 5

6　本時のねらい

　　グループで目標や役割をもって自主的に活動し、互いに意見を出し合いながらみんなでクラブを楽しむ。

7　本時の展開

　　　　◎「みんなでアニメーションづくりをしよう」　　　　　○○小学校

過程	活動の予定	役　割	分	指導者の働きかけ	○評価観点 （評価方法） ・準備物
つ か む	1. はじめの話合いをする。 ○あいさつをする。 ○出欠確認をする。 ○本時の活動予定の確認をする。 ○グループごとにめあてと役割を確認する。	・代表 ・副代表 ・書記 ・グループリーダー	5	・代表、副代表を中心に各班長が協力できるようにする。 ・時間の見通しをもてるようにする。 ・グループリーダーを中心に話合いができるようにする。	○1、2 （観察） ・クラブファイル ・出席表 ・グループノート

追求する	2. グループごとにアニメーションづくりをする。 ○写真撮影をする。 ○撮影した写真を動画として編集する。 ○感想や改善点について話し合う。	・グループリーダー	35	・協力し合って、仲よく楽しく活動ができるようにする。 ・自分の役割ができるようにする。 ・活発に話し合うことができるようにする。	○1、2、3（観察） ・タブレット ・人形
まとめる	3. 終わりの話合いをする ○本時の活動をグループごとに振り返り、次時のめあてを決める。 ○振り返りをグループごとに発表する。 ○指導者の話を聞く。 ○次時の活動予定を確かめる。意欲付けをする。 ○終わりのあいさつをする。	・代表 ・副代表 ・書記 ・班長	5	・めあてが達成できたかどうか振り返ることができるようにする。 ・本時の振り返りを、次時に生かせることができるようにする。 ・称賛と励ましの言葉をかけ、次時への意欲を高められるようにする。	○1、2、3（振り返りカード、観察） ・クラブファイル ・振り返りカード ・グループノート

※1　上表内　評価観点　1. 知識及び技能　2. 思考力、判断力、表現力等　3. 主体的に学習に取り組む態度

［評価規準］

(1)　みんなでクラブを楽しくすることの大切さを理解できたか。

（知識及び技能）

(2)　楽しいクラブにするため、よく考えて意見を出すことができたか。

（思考力、判断力、表現力等）

(3)　異年齢との交流を図り、目標や役割をもって自主的に活動することができたか。

（主体的に学習に取り組む態度）

小学校　クラブ活動（サッカークラブ）

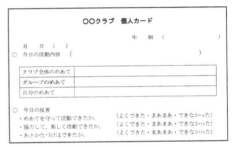

個人カード（振り返り）

第5節

クラブ活動の指導のポイント

　クラブ活動の実施においては、特に次のようなこと等に留意して指導に当たる必要がある。

1.　主として第4学年以上の児童の組織としての活動であるので、異学年の児童たちの温かな人間関係づくりに留意し、仲よく協力しながら活動できるように指導する。

2.　クラブの年間指導計画は、全教職員が関わって作成する。それに基づいて、児童が各クラブの年間の活動計画を作成する。

3.　学級や学校、地域の実態や児童の発達段階などを考慮し、児童による自主的、実践的な活動が助長されるようにする。

4.　内容相互及び各教科、道徳科、外国語活動、総合的な学習の時間などとの連携を図る。

5.　家庭や地域の人々との連携、社会教育施設等の活用などを工夫する。

第6節

教育課程外の「部活動」5)

　中・高等学校の部活動は教育課程外に位置付けられているが、小学校の必修クラブ活動と同様に、学年や学級・ホームルームの所属を離れ、共通の興味や関心をもって生徒が教員の適切な指導の下で、自発的、自治的に展開する活動である。部活動は生徒たちが青春のエネルギーを発散し、同好の仲間とともに活動を楽しみ、体力や技能の向上を図る以外に自主性、協調性、個性、リーダーシップなど、主に人間関係形成力を培える最適な教育活動であり、生徒や保護者の関心には高いものがある。しかしながら、今日においては、少子化や教育に関わる諸課題の急増、「教員の働き方改革」提唱等もあり、部活動の在り方に関して抜本的な改革が求められている。

[1]　部活動の教育的意義6)

　部活動は、学習指導要領において、「学校教育の一環として」行われるものであるとし、部活動の意義は次の通り明記されている。

　「生徒の自主的、自発的な参加により行われる部活動については、スポーツや文化及び科学等に親しませ、学習意欲の向上や責任感、連帯感の涵養等、学校教育が目指す資質・能力の育成に資するもの」、つまり、部

活動は、教科学習とは異なり、生徒による集団での活動を通じた人間形成の機会や、多様な生徒が活躍できる場となり、必要な資質・能力を身に付け、その教育的意義の高いことが理解できる。

② 部活動の変遷

　部活動は教育課程外に位置付けられた活動であり、授業時間外の活動である。部活動の変遷は、次の通りである。

- ○　1947（昭和22）年に文部省から公布された学習指導要領一般編（試案）では、部活動という呼び名ではなく、クラブ活動として自由研究の中に位置付けられ、教科外の活動で教科の発展を見込む選択教科として行われた。

- ○　1969・70（昭和44・45）年の学習指導要領改訂で、中高のクラブ活動が週1時間、全員参加の必修となった。

- ○　1989（平成元）年の学習指導要領改訂により、「部活動」でクラブ活動を代替できることになり、はじめて「クラブ活動」と「部活動」の関連が示された。

- ○　1998・1999（平成10・11）年の学習指導要領改訂で、「部活動」が一層適切に実施されることを前提として「必修クラブ活動」は廃止された。

- ○　2017（平成29）年7月の中学校学習指導要領総則、及び翌年7月の高等学校学習指導要領総則では、「生徒の自主的、自発的な参加により行われる部活動については、スポーツや文化及び科学等に親しませ、学習意欲の向上や責任感、連帯感の涵養等、学校教育が目指す資質・能力の育成に資するものであり、学校教育の一環として、教育課程との関連が図られるように留意すること。」[7]と示された。したがって、この内容を理解して指導に当たることになる。

③　部活動の運営及び活動内容

　部活動の運営は、多くの学校では、各学校の教育目標・方針に沿い、生徒の自主的な活動として位置付けられ、生徒会の傘下または連携関係や協力関係において運営されている。

　運営上の主な役割には、生徒の管理面では、年間指導計画の作成、部員名簿の作成、生活指導、担任への連絡、各部への予算配当、施設・用具の管理、大会やコンクール等への引率、保護者・大会主催者・外部指導者との連絡等がある。

　部活動運営上、主要な役割を担当する顧問の教員は、休日の大半を部活動に当てる負担があり、今日の「教員の働き方改革」提言に沿って部活動の運営の見直しも行われている。

　次に部活動の内容例について以下紹介するが、運動的活動や文化的活動など、生徒の興味や関心に基づいた多様な活動が行われている。

　[運動的]　野球（硬式、軟式）、ソフトボール、テニス（硬式、ソフト）、バレーボール、バスケットボール、サッカー（フットサル）、ラグビー、アメリカンフットボール、バドミントン、卓球、ラクロス、ハンドボール、相撲、柔道、剣道、弓道、空手道、アーチェリー、レスリング、ボクシング、水泳、スキー、登山、ボート、カヌー、ヨット、陸上競技、体操、他

　[文化的]　吹奏楽、管弦楽、合唱、美術、演劇、放送、書道、茶道、華道、囲碁、将棋、コンピューター、文芸、科学、英会話、弁論、他

　なお、上記以外に、生産的な家庭、園芸、木工等の部活動を開設している学校もある。

④　部活動指導上の留意点

　現在、部活動は学習指導要領において、学校教育の一環として教育課程に関連する事項としての位置付けが認知されていることや、部活動の意義及び生徒や保護者の高い期待等を理解し、以下の留意事項に沿った指導に努めることが大切である。

部活動の指導上の留意事項[8)]

1. 部活動の意義や留意事項の共通理解を図る。
2. 生徒が主人公の部活動であり、自主性・自治性を伸長する。
3. 適切な活動量にし、勉強と部活動の両立が図れるようにする。
4. 生徒も指導者も達成感のある活動にする。
5. 体罰・暴言の防止を徹底する。
6. 安全管理の徹底を図る。
7. 外部指導員の積極的な活用を図り、持続可能な指導や運営体制を整える。

⑤　これからの部活動の在り方

　今後の部活動の在り方について、2018（平成30）年3月にはスポーツ庁より、『運動部活動の在り方に関する総合的なガイドライン』が、また同年12月には文化庁より、『文化部活動の在り方に関する総合的なガイドライン』が発表された。

　以下に、中学校の運動部活動のガイドラインを取り上げ、部活動での指導充実のために必要と考えられる事項の概要を紹介する。

○　顧問の教員だけに運営、指導を任せるのではなく、学校組織全体で運動部活動の目標、指導の在り方を考える。

○　適切な指導方法、コミュニケーションの充実等により、生徒の意欲や自主的、自発的な活動を促す。

○　肉体的、精神的な負担を考慮し、厳しい指導と体罰等の許されない指導とをしっかり区別する。

○　最新の研究成果等を踏まえた科学的な指導内容、方法を積極的に取り入れる。

　また、2020（令和2）年9月1日には、文部科学省の「学校の働き方改革推進本部」において、休日の部活動指導に教員が関わらなくてもよい環境をつくるため、2023（令和5）年度から段階的に運営を地域に移行することが発表された。その主な内容を以下に紹介する。

○　休日の部活動の運営主体を地域に移行し、学校部活動から「地域部活動」への転換を図る。

○　地域部活動の運営は、退職教員や地域のスポーツ指導者、スポーツクラブ、芸術文化団体などを想定している。

○　休日の指導を希望する教員の意向も尊重し、教員の立場としてではなく、兼職兼業の許可を得た上で指導に当たる。

○　全国大会よりも大多数の学校が関係する地方大会を、団体と自治体が協力して見直す。大会の参加が、生徒にとって大きな負担にならないように推進すること。

2022（令和4）年12月16日、永岡文部科学大臣は、公立中学校における休日の部活動移行は2023年度から可能な限り早期にスタートさせることを明らかにした。したがって、環境整備まで部活動の運営は、地域の実情に応じ、当面は現行通りと地域移行とが併存することになるであろう。

引用文献

1)　文部科学省『小学校学習指導要領（平成29年告示）』東洋館出版社　平成30年　p186

2)　同上書　p186

3)　文部科学省『小学校学習指導要領（平成29年告示）解説　特別活動編』東洋館出版社　平成30年　p104

4)　同上書　pp108-114

5)　中園・松田編著『特別活動の理論と実践』学術研究出版　2018年　pp159-160

6)　文化庁『文化部活動の在り方に関する総合的なガイドライン』平成30年　pp1-2

7)　文部科学省『中学校学習指導要領（平成29年告示）解説　特別活動編』東山書房　平成30年　p149

8)　上記5)　p163

参考文献

○　文部科学省『運動部活動での指導のガイドライン』平成25年

○　スポーツ庁『運動部活動の在り方に関する総合的なガイドライン』平成
　　30年

○　文部科学省『学校の働き方改革を踏まえた部活動改革について』資料2-3
　　平成2年9月

コラム⑦

運動的クラブ活動と体育科の指導の違い

・・

　運動的なクラブ活動と体育科との違いを明確に理解した上での指導に当たらなければ、指導目標の達成には至らない。

　運動的クラブ活動として代表的な「サッカー」指導の比較により、双方の違いについて下記に示す。

（小学校のクラブ活動の目標） 1)

　異年齢の児童同士で協力し、共通の興味・関心を追求する集団活動の計画を立てて運営することに自主的、実践的に取り組むことを通して、個性の伸長を図りながら、第1の目標に掲げる資質・能力を育成することを目指す。

（体育科の目標） 2)

　体育や保健の見方・考え方を働かせ、課題を見付け、その解決に向けた学習過程を通して、心と体を一体として捉え、生涯にわたって心身の健康を保持増進し豊かなスポーツライフを実現するための資質・能力を次のとおり育成することを目指す。

運動的クラブ「サッカークラブ」	体育科「サッカー」
○４・５・６年生の異年齢の同好の児童による集団活動である。 **（年齢差のある同好の集団活動）**	○同年齢の児童による体育科の学習である。 **（年齢差のない教科学習）**
○指導展開は指導者でもっているが、前面には出さず、児童の自主性を大切にし、支援の構えをもつ。 **（自主的活動）**	○指導展開は、指導者が意図的・計画的に立てる。 **（意図的・計画的）**
○児童の自主的、実践態度を促進するため、大まかな指導計画を立てる。 **（大まかな計画）**	○細かで計画的なステップ指導に留意しなければならない。 **（計画的）**
○自主性、実践性、自治性、社会性、個性、関心、意欲、態度などを育成する。 **（豊かな人間性）**	○体力、技能、健康・安全、態度、学び方などの基礎・基本を育成する。 **（体力、技能、健康、安全等）**
○技能向上や活動結果よりも、その実践の活動過程を大切にする。 **（活動過程の重視）**	○児童の習熟過程を踏まえた指導に当たる。 **（習熟度の重視）**
○楽しさ、自主性、社会性、個性の伸長、協力など　**（評価の視点）**	○運動の学び、運動の技能、運動の楽しさや喜び　**（評価の視点）**

　学習指導要領上、クラブ活動は、児童生徒が自ら選択して参加する自主的、実践的な活動である。一方、体育科は、好き嫌いに関わらず必ず参加しなければならない学習であることを理解した上での適切な指導が求められる。

引用文献
1）　文部科学省『小学校学習指導要領（平成29年告示）解説　特別活動編』東洋館出版社　平成30年　p102
2）　文部科学省『小学校学習指導要領（平成29年告示）解説　体育編』東洋館出版社　平成30年　p17

（中園大三郎）

第 7 章

学校行事（小・中・高等学校）の
目標・内容・指導

　学校行事は、現在、特別活動の内容であるが、1958（昭和33）年〜1960（昭和35）年改訂の学習指導要領では特別教育活動と学校行事等が、それぞれ独立した領域として設けられていた。その後、1968（昭和43）年〜1970（昭和45）年改訂の学習指導要領において、小中では「特別活動」、高では「各教科以外の教育活動」という領域が新設され、学校行事等はその内容として位置付けられた。

　その背景には、教育課程の形式が整えられ、従前の「学校が計画し実施する教育活動」であった学校行事を、子どもの自主的、自治的な活動を主とする特別活動の構成要素とすることで、両者のもつ教育的意義を十分に発揮させるねらいにあったことを理解しておきたい。

第1節

学校行事の目標・内容

　学校行事は、学校生活に秩序と変化を与え、集団への所属感を深めることや、学校生活の充実と発展に資する体験的な活動を行うことを通して、自己の生き方についての考えを深め、自己実現を図ろうとする態度を育てる教育活動である。そのため児童生徒にとって魅力ある教育活動となっており、家庭や地域社会の関心も高い。

　学校行事では、児童生徒が行事への参加を通して、多様な資質・能力、適性、興味・関心などを生かし、成就感、連帯感を高め、よりよい校風を育てる活動を実践する。そして、各学校の創意工夫により、やりがいのある行事を展開し、特色ある学校づくりに寄与できる効果的な場となることが期待できる。

　学校行事の目標・内容は、学習指導要領解説特別活動編に次のように示されている。

1　学校行事の目標

　学校行事の目標は、特別活動によって育まれる三つの視点である「人間関係形成」、「社会参画」、「自己実現」に基づいて示され、第1の目標に掲げる資質・能力を育成することを目指している。

表7-1　学校行事の目標[1]

小学校	中・高等学校
［目標］ 　全校又は学年の児童で協力し、よりよい学校生活を築くための体験的な活動を通して、集団への所属感や連帯感を深め、公共の精神を養いながら、第1の目標に掲げる資質・能力を育成することを目指す。	［目標］ 全校又は学年の生徒で協力（全校若しくは学年又はそれらに準じる集団で協力）し、よりよい学校生活を築くための体験的な活動を通して、集団への所属感や連帯感を深め、公共の精神を養いながら、第1の目標に掲げる資質・能力を育成することを目指す。

上表内　下線部：中学校　（　）内：高等学校

　目標内に示されている「第1の目標に掲げる資質・能力を育成」とは、各教科と同様である「知識及び技能」「思考力、判断力、表現力等」「学びに向かう力、人間性等」の育成である。

2　学校行事の内容[2]

　学習指導要領では、学校行事として以下の五つの種類の内容が示されている。その内容は全ての学年が取り組むべき活動として、各学校の創意工夫が求められている。

表7-2　学校行事　五つの種類の内容 [3]

小学校	中・高等学校
[内容] (1)　儀式的行事 [ねらい]　学校生活に有意義な変化や折り目を付け、厳粛で清新な気分を味わい、新しい生活の展開への動機付けとなるようにすること。 [行事名]　入学式、卒業式、始業式、終業式、修了式、開校記念に関する儀式、離着任式など	[内容] (1)　儀式的行事 [ねらい]　学校生活に有意義な変化や折り目を付け、厳粛で清新な気分を味わい、新しい生活の展開への動機付けとなるようにすること。 [行事名]　入学式、卒業式、始業式、終業式、修了式、立志式、開校記念に関する儀式、離着任式など
(2)　文化的行事 [ねらい]　平素の学習活動の成果を発表し、自己の向上の意欲を一層高めたり、文化や芸術に親しんだりするようにすること。 [行事名]　作品展、学芸会、学習発表会、音楽会、音楽・演劇鑑賞会、地域の伝統文化等の鑑賞会など	(2)　文化的行事 [ねらい]　平素の学習活動の成果を発表し、自己の向上の意欲を一層高めたり、文化や芸術に親しんだりするようにすること。 [行事名]　文化祭、学習発表会、音楽会（合唱コンクール）、作品発表会、音楽鑑賞会、映画や演劇の鑑賞会、伝統芸能等の鑑賞会や講演会など
(3)　健康安全・体育的行事 [ねらい]　心身の健全な発達や健康の保持増進、事件や事故、災害等から身を守る安全な行動や規律ある集団行動の体得、運動に親しむ態度の育成、責任感や連帯感の涵養、体力の向上などに資するようにすること。 [行事名]　健康診断、各種避難訓練、交通安全、大掃除、保健・安全・給食に関する行事、運動会、体力測定、水泳や球技・陸上などの大会など	(3)　健康安全・体育的行事 [ねらい]　心身の健全な発達や健康の保持増進、事件や事故、災害等から身を守る安全な行動や規律ある集団行動の体得、運動に親しむ態度の育成、責任感や連帯感の涵養、体力の向上などに資するようにすること。 [行事名]　健康診断、薬物乱用防止指導、防犯指導、交通安全指導、避難訓練や防災訓練、健康・安全や給食に関する意識や実践意欲を高める行事、体育大会、競技会、球技大会など

(4)　遠足・集団宿泊的行事
［ねらい］　自然の中での集団宿泊活動などの平素と異なる生活環境にあって、見聞を広め、自然や文化などに親しむとともに、よりよい人間関係を築くなどの集団生活の在り方や公衆道徳などについての体験を積むことができるようにすること。
［行事名］　遠足、修学旅行、野外活動、集団宿泊活動（臨海学校、林間学校）など

(5)　勤労生産・奉仕的行事
［ねらい］　勤労の尊さや生産の喜びを体得するとともに、ボランティア活動などの社会奉仕の精神を養う体験が得られるようにすること。
［行事名］　飼育栽培活動、校内美化活動、地域社会や公共施設等の清掃活動、福祉施設との交流活動など

(4)　旅行・集団宿泊的行事
［ねらい］　平素と異なる生活環境にあって、見聞を広め、自然や文化などに親しむとともに、よりよい人間関係を築くなどの集団生活の在り方や公衆道徳などについての体験を積むことができるようにすること。
［行事名］　遠足、修学旅行、移動教室、野外活動、集団宿泊活動（臨海学校、林間学校）など

(5)　勤労生産・奉仕的行事
［ねらい］　勤労の尊さや生産（創造すること）の喜びを体得し、職場体験活動（就業体験活動）などの勤労観・職業観に関わる啓発的な（の形成や進路の選択決定などに関する）体験が得られるようにするとともに、ともに助け合って生きることの喜びを体得し、ボランティア活動などの社会奉仕の精神を養う体験が得られるようにすること。
［行事名］　職場体験、各種の生産活動、高等学校や専門学校・大学・就職希望先の訪問・見学、全校美化の行事、地域社会への協力や学校内外のボランティア活動など

上表内　下線部：中学校　（　）内：高等学校

第2節

学校行事の学習過程

　学校行事は、それぞれ異なる意義をもつ行事の総体であるため、育成される資質・能力や、その過程も様々である。学校行事の目標に掲げられている資質・能力は、実践も含めた全体の学習過程の中で育まれると

言える。学校行事は、学校が計画し実施するものであるとともに、各種類の学校行事に児童生徒が積極的に参加し協力することによって充実する教育活動である。したがって、学校行事の意義を十分に理解した上で、各学校行事の特質や、児童生徒の実態に応じて、児童生徒の自主的、実践的な活動を助長することが肝要である。

　学校行事の学習過程は、小学校の場合、図7-1の通り①〜⑤のように表すことができる。また、中・高等学校の学習過程も網掛け部分は小学校の①〜⑤と同文である。

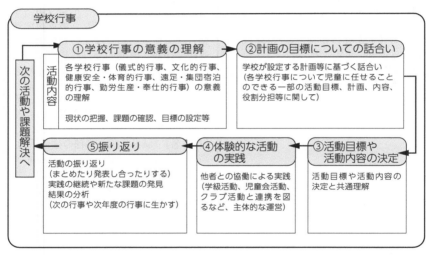

図7-1　学校行事の学習過程（例）[4]

第3節

学校行事の指導計画

① 学校行事の年間指導計画の作成
　学校行事の指導計画については、特別活動の全体計画に基づき各種の

学校行事の特質を踏まえた年間指導計画を作成する必要がある。作成において特に配慮しなければならないことについて、小・中・高等学校学習指導要領解説特別活動編より、その概要を次に示す。

表7-3　学校行事の年間指導計画作成の配慮事項[5]

小学校	中学校・高等学校
(1)　学校の創意工夫を生かし、学級や学校、地域の実態、児童の発達の段階などを考慮する。 (2)　児童による自主的、実践的な活動が助長されるようにする。 (3)　内容相互及び各教科、道徳科、外国語活動、総合的な学習の時間などの指導との関連を図る。 (4)　家庭や地域の人々との連携、社会教育施設等の活用などを工夫する。 (5)　その他の配慮事項 　①　全教職員が関わって作成する。 　②　指導計画に示す内容 　　○　各行事のねらいと育成する資質・能力 　　○　五つの種類ごとの各行事を実施する時期と内容及び授業時数 　　○　学級活動や児童会活動、クラブ活動、各教科等との関連 　　○　評価の観点など 　③　年間指導計画の見直し 　　学校行事を実施するに当たっては、毎年検討を加え、改善を図るようにし、特に教育的価値に富む行事については、より積極的に取り上げていくようにすることが望ましい。 　④　時間の取り方 　　学校行事については、年間、学期ごと、月ごとなどに適切な授業時数を充てるものとする。	(1)　学校の創意工夫を生かすとともに、学校の実態や生徒の発達の段階などを考慮する。 (2)　生徒による自主的、実践的な活動が助長されるようにする。 (3)　内容相互及び<u>各教科、道徳科</u>（各教科・科目）及び総合的な<u>学習</u>（探究）の時間などの指導との関連を図る。 (4)　家庭や地域の人々との連携、社会教育施設等の活用などを工夫する。 (5)　生徒指導の機能を生かす。 (6)　学校行事に充てる授業時数 　○　生徒会活動及び学校行事については、<u>それらの内容に応じ</u>（学校の実態に応じて）、<u>年間、学期ごと、月ごとなどに</u>（それぞれ）適切な授業時数を充てるものとする。 　　　　　　　　　　下線部：中学校 　　　　　　　（　　）：高等学校

2　学校行事の年間指導計画 (例)

　学校行事の年間指導計画作成の配慮事項を踏まえて作成した小・中学校の学校行事の年間指導計画（例）を以下に示す。

表7-4　学校行事の年間指導計画（例）　　　　　〇〇小学校

重点目標	学校行事に進んで参加し、役割や責任を果たし、協力してよりよい学校生活を築こうとする自主的、実践的な態度を育てる。
学校行事の種類・内容・時数	(1)　**儀式的行事**　　　　　　　　　　　　　　　　　4～8時間 　　○　入学式、離着任式、始業式、卒業式、終業式、修了式 (2)　**文化的行事**　　　　　　　　　　　　　　　　　　4時間 　　○　学芸会・学習発表会、音楽会、展覧会・作品展 (3)　**健康安全・体育的行事**　　　　　　　　　　　4～15時間 　　○　健康診断、食に関する指導、避難・防災訓練、交通安全教室、プール開き、運動会、体力テスト (4)　**遠足・集団宿泊的行事**　　　　　　　　　　　5～15時間 　　○　遠足、修学旅行、林間学校、社会教育施設見学 (5)　**勤労生産・奉仕的行事**　　　　　　　　　　　2～5時間 　　○　地域（公園）清掃、大掃除、奉仕活動
指導上の留意点	・学校の創意工夫を生かし、学級や学校の実態や児童の発達などを考慮する。 ・児童の自主的、実践的な活動が助長されるようにする。 　　　　　　　　　　　―以下省略―

月	学校行事の内容（時数）
4	1・2年入学式(1)、2～6年始業式（1/3）、新入生対面式（1/3）、健康診断(1)、発育測定（2/3）
5	避難訓練（1/3）、交通安全教室(1)、遠足(6)、歯磨き訓練（2/3）、健康診断(1)
6	体力テスト(1)、健康診断(1)、地域公園清掃(1)、音楽鑑賞会(1)
7	プール開き(1)、自然体験学習(10)、大掃除（2/3）、終業式（1/3）
9	始業式（1/3）、発育測定・健康診断（1/3）、避難訓練（1/3）、運動会練習(4)
10	運動会(5)、交通安全指導(1)、1～5年遠足（4～6）、6年修学旅行(10)、展覧会・作品展(2)
11	学芸会・学習発表会(5)、地域清掃(1)
12	大掃除（2/3）、終業式（1/3）

1	始業式（1/3）、発育測定・健康診断（2/3）、避難訓練（2/3）
2	地域・ボランティア交流会(1)、6 年卒業遠足(6)
3	5・6 年卒業式(2)、大掃除（2/3）、修了式（1/3）、離任式（2/3）

[育む資質・能力]
1.知識及び技能　2.思考力、判断力、表現力等　3.学びに向かう力、人間性等

[評価規準の観点]
1.知識及び技能　2.思考力、判断力、表現力等　3.主体的に学習に取り組む態度

表7-5　学校行事の年間指導計画（例）　　　　　　　○○中学校

重点目標	全校又は学年の生徒で協力し、よりよい学校生活を築くための体験的な活動を通して、集団への所属感や連帯感を深め、公共の精神を養いながら、第 1 の目標に掲げる資質・能力を育成することを目指す。
学校行事種類内容	(1)　儀式的行事　　　(2)　文化的行事　　　(3)　健康安全・体育的行事 (4)　旅行・集団宿泊的行事　(5)　勤労生産・奉仕的行事
指導上の留意点	・学校の創意工夫を生かし、学校の実態や生徒の発達などを考慮する。 ・話合い活動や合意形成を図る体験を実践する。 　　　　　　　　　—以下省略—

月	学校行事の内容（時数）
4	入学式(1)、2・3 年始業式（2/3）、1・2 年遠足(6)、健康診断(2)、身体計測（1/2）、全校清掃活動（2/3）
5	体力測定(1)、1・2 年野外活動(13)、避難訓練（1/3）、2 年職場体験(7)
6	体育祭(9)、3 年修学旅行(20)、地域公園清掃(1)、保健講話(1)
7	終業式（1/3）、薬物乱用防止指導(1)
9	始業式（2/3）、全校清掃活動（2/3）、健康診断（1/2）、作品展(1)
10	弁論大会(2)、避難訓練（1/3）、スポーツテスト(1)
11	文化祭(4)、3 年上級学校訪問(4)、ボランティア活動(2)
12	終業式（1/3）
1	始業式（1/3）、耐寒マラソン大会(3)、避難訓練（1/3）、全校清掃活動（2/3）
2	音楽鑑賞会(1)、3 年卒業遠足(6)

3	2・3年卒業式(2)、1・2年修了式 (2/3)				
育む資質・能力	1. 知識及び技能　2. 思考力、判断力、表現力等　3. 学びに向かう力、人間性等				
評価規準の観点	1. 知識及び技能　2. 思考力、判断力、表現力等　3. 主体的に学習に取り組む態度				

学校行事の指導事例

　学校行事は「学校の顔」といわれる。顔にはいろいろな表情があり、大切なことは、生き生きとしていることである。そのような学校行事では、参加している児童生徒一人一人が活動することに喜びを感じ、進んで役割に取り組んでいる姿が見られる。その姿が地域に信頼される学校づくりに繋がることを理解して指導に当たらなければならない。

　以下に、保・小・中・特別支援学校と連携して取り組んだ学校行事の指導事例を紹介する。

表7-6　O市立D小学校の指導事例　（5・6年生）

行事名	人権文化祭	時　数	11 時間	実施月	10 月
場　所	進学先〇〇中学	参加者	・本校　　　　　　　5・6年生 ・進学先中学校　　　1～3年生 ・地域保育園　　　　年長園児 ・特別支援学校中等部　3年生		
ねらい	〇子どもたち自身が身近なことがらに関心をもち、生活の中で命を大切にし、人権を尊重する態度を培っていくようにする。 〇近隣各校の子どもたちが互いに交流しながら、子ども自身の仲間づくりのネットワーク化をすすめることができるようにする。 〇ネットワークにより、様々な人々との交流を図り、互いの人権が守れる街づくりに子どもの主張を反映していくことができるようにする。				

学習活動	時数	指導上の留意点	○目指す児童の姿 （観点）・評価方法
1. 人権文化祭について話し合う。	1	○意義、ねらい、実施方法について共通理解し、話し合うことを助言する。	○主体的に話合いが行われている。 （主体的態度） ・ワークシート
2. 計画を立てる。	1	○どのような発表をするのか、児童の意見を生かし、自主的に計画を立てられるようにする。	○計画について、考えられている。 （思考・判断・表現） ・ワークシート
3. 練習をする。	5	○めあてをもって、練習できるようにする。	○意欲的に練習をすることができる。 （主体的態度） ・観察
4. 校内発表会を行う。	1	○全校児童の前で、発表する。 ○人権文化祭に参加しない1～4年生の児童も、人権文化祭の意義や、5・6年生の頑張りを知る機会とする。	○協力し役割を果たすことができる。 （主体的態度） ・観察
5. 人権文化祭へ参加する。	2	○他校の子どもたちとともに、人権文化祭に参加し、互いの発表を観たり、交流する場をもったりすることにより、人権を尊重する態度を養うとともに、仲間づくりができるようにする。	○行事の意義を理解し、参加することができる。 （思考・判断・表現） ・ワークシート、観察
6. 振り返りをする。	1	○振り返りを学級内で共有し、今後の学習に生かすことができるようにする。	○成果と課題を見付けることができる。 （主体的態度） ・ワークシート

学校行事の特色

　運動会・体育祭、作品発表会等、多くの工夫された学校行事は、教科等の学習の発展などとの関連や保護者・地域の人々の願いも受けとめ、その学校ならではの特色ある教育活動となっている。このような学校行事の中で行われる児童生徒の活動は、各教科等や特別活動の他の内容と比較すると、いくつかの特色をもっており、その内、顕著な「学校行事の特色」を以下に示す。

学校行事の特色[6]

---

1. 学級の枠を超えた全校又は学年という大きな集団を単位として行われる実践活動であり、通常の学級生活だけでは得られない集団活動や感動体験などを通して、幅広い人間関係を経験できる活動である。
2. 教科の枠にとらわれずに日常の学習の成果を発展させる総合的、体験的な活動である。
3. 学校生活に秩序と変化を与え、学校生活をさらに充実、発展させることを目指した非日常的な活動である。

学校行事の指導のポイント

　学校行事の実施においては、特に次のようなこと等に留意して指導に当たる必要がある。

　　1　指導対象となる児童生徒の集団が大きくなること、特別活動の他の内容や各教科等の学習と関連する場合が多くあること、また、家庭や地域社会と連携して実施する場合もあること等を学校行事の実施において反映させる。

　　2　学校行事の実施の際には、全教職員の共通理解を深めるとともに

　役割分担を明確にし、学校の指導体制の確立の下に協力して指導に
　当たる。
3　学校行事は、学校が計画し実施するものであるが、各種類の学校
　行事に児童生徒が自主的、実践的に協力して取り組めることが大切
　なことである。そのため、児童生徒が学校行事の意義について理解
　するとともに、それぞれの学校行事のねらいや内容に即した行動の
　仕方や習慣を身に付けられるように指導に当たる。
4　学校行事を通して、児童生徒が学校生活の充実を図り、人間関係
　をよりよく形成するための目標を設定したり課題を見いだしたりし
　て、大きな集団による活動や体験的な活動に協力して取り組むこと
　ができるようにする。
5　学校行事を通して身に付けたことを生かして、児童生徒が集団や
　社会の形成者としての自覚をもって多様な他者と尊重し合いながら
　協働し、公共の精神を養い、よりよい生活をつくろうとする態度を
　養える指導に努める。

引用文献

1)　文部科学省『小学校学習指導要領（平成29年告示）解説　特別活動編』東
　　洋館出版社　平成30年　p116
　　文部科学省『中学校学習指導要領（平成29年告示）解説　特別活動編』東
　　山書房　平成30年　p92
　　文部科学省『高等学校学習指導要領（平成30年告示）解説　特別活動編』
　　東京書籍　平成31年　p86
2)　文部科学省『小学校学習指導要領（平成29年告示）解説　特別活動編』東
　　洋館出版社　平成30年　pp94-95
　　文部科学省『中学校学習指導要領（平成29年告示）解説　特別活動編』東
　　山書房　平成30年　pp118-119
　　文部科学省『高等学校学習指導要領（平成30年告示）解説　特別活動編』

東京書籍　平成 31 年　p88

3) 文部科学省『小学校学習指導要領（平成 29 年告示）解説　特別活動編』東洋館出版社　平成 30 年　pp120-127

文部科学省『中学校学習指導要領（平成 29 年告示）解説　特別活動編』東山書房　平成 30 年　pp96-103

文部科学省『高等学校学習指導要領（平成 30 年告示）解説　特別活動編』東京書籍　平成 31 年　pp89-95

4) 文部科学省『小学校学習指導要領（平成 29 年告示）解説　特別活動編』東洋館出版社　平 30 年　p118

5) 文部科学省『小学校学習指導要領（平成 29 年告示）解説　特別活動編』東洋館出版社　平 30 年　pp139-143

文部科学省『中学校学習指導要領（平成 29 年告示）解説　特別活動編』東山書房　平成 30 年　pp116-120

文部科学省『高等学校学習指導要領（平成 30 年告示）解説　特別活動編』東京書籍　平成 31 年　pp107-110

6) 中園大三郎・松田修編著『特別活動の理論と実践』学術研究出版　2018 年　pp111-112

参考文献

○　文部科学省『小学校学習指導要領解説　特別活動編』東洋館出版社　平成 29 年

○　中園大三郎・松田修編著『特別活動の理論と実践』学術研究出版　2018 年

小学校「学校行事・遠足」　　　　　　　中学校「学校行事・体育祭」

「なすことによって学ぶ」（特別活動の特質・方法原理）

　特別活動の学習形態を踏まえ、「なすことによって学ぶ」ことは、特別活動の特質・方法原理であると言われている。このことを理解した指導が求められている。

　「なすことによって学ぶ」（Learning by doing）とは、ジョン・デューイ（米国 1859 ～ 1952 年、教育哲学者）の経験主義教育思想を具体化したものであり、「経験」を練り上げ、「経験の再構成」を連続的に促して、学習活動をさらに高い次元へ高めることにある。このことは、児童生徒たちとって心に響き、心に残るものとなり、自らの生き方や在り方について考えを深めることになる。したがって、ジョン・デューイの提唱は、全教育活動においても重視されている。

　特別活動における「なすことによって学ぶ」ことは、集団活動や体験活動を通して、自主的、実践的な諸活動に取り組む中において、よりよい集団や社会の形成に向けて、主体的に自己の経験を絶えず向上、再構成して、未来の社会を担える資質・能力を育むことであると考える。

　なお、指導において注意しておきたいことは、デューイの経験学習は、児童生徒の主体性を尊重するが、それは決して放任ではなく「系統学習」に繋がる学問上の「訓練」を伴っていることを理解しておかなければならない。

　特別活動は教科書の無い学習であるので、各学校では、児童生徒たちが「なすことによって学ぶ」ことのできる場を工夫し、児童生徒たちの自主的、実践的な態度を育み、社会の変化に対応できる生きる力を付けることが必要である。

参考資料

　文部科学省『中学校学習指導要領解説特別活動編』東山書房　平成 30 年

　平塚益徳、沢田慶輔、吉田昇編著『教育辞典』小学館　昭和 43 年

（中園貴之）

コラム⑨

国旗及び国歌の取扱い

・・・

　国際化の進展に伴い、日本人としての自覚を養い、国を愛する心を育てるとともに、児童生徒が将来、国際社会において尊敬され、信頼される日本人として成長していくためには、国旗及び国歌に対して一層正しい認識をもたせ、それらを尊重する態度を育てることは重要である。

　学習指導要領では、「入学式や卒業式などにおいては、その意義を踏まえ、国旗を掲揚するとともに、国歌を斉唱するよう指導するものとする。」[1]と示されている。学校において行われる行事には、様々なものがある。この中で、入学式や卒業式は、学校生活に有意義な変化や折り目をつけ、厳粛かつ清新な雰囲気の中で、新しい生活の展開への動機づけを行い、学校、社会、国家など集団への所属感を深める上でよい機会となる。

　国旗及び国家の取扱いについては、社会科や音楽科における指導などとの関連を図り、国旗及び国歌に対する正しい認識を児童生徒にもたせ、それらを尊重する態度を育てることが大切である。

引用文献
1)　文部科学省（2017）『小学校学習指導要領（平成29年告示）解説　特別活動編』東洋館出版社　p159

（中園大三郎）

高等学校「学校行事・卒業式」

第 **8** 章

特別活動の指導の基本

特別活動と人間形成

　児童生徒たちを取り巻く社会の変化は急速なものがあり、とりわけ、グローバル化や情報化、技術革新の進歩には目を見張るものがある。こうした変化の一つに人工知能（AI）の飛躍的な進歩があげられる。今まで人間でしかできないと考えられていたことが、人工知能の進歩により、その役割を人間に代わって果たせるようになってきている。このような変化が激しく予測困難な時代においては、児童生徒たちの生き方にも大きく影響していくと考えられている。

　こうした社会においては、様々な課題や変化に積極的に取り組み、課題解決に向けて情報を収集し、吟味し、知恵を出し合ったり他者と協働したりしながら課題を解決したり、新たな価値を見いだしたりしていくことが求められている。

　特別活動は、自分と異なる多様な考えや関心をもつ他者と協働しながら、よりよい集団や学校生活を築くための課題を発見し、解決に向けて話し合い、決まったことを基に実践活動を行い、その成果や課題について振り返り、自己実現を図ろうとする一連の活動である。このような活動過程を通して、児童生徒は、よりよい人間関係を築いたり、集団や学校生活に積極的に参画したりする力を育むことができる。

　また、特別活動は、これまで教科・科目等で学んだことや身に付けたことを集団活動や体験的な活動を通して、実際の生活に生きて働く力とするための人間形成の場としての重要な役割を果たしている。そこで、より一層、生活体験、社会体験、自然体験等の体験活動が重視されなければならない。

　さらに、学校教育においては、「○○を学んだ。知っている。」というような知識・理解にとどまらず、国際化社会において、「他者や社会と関わり合える力」、「社会に出て役に立つ力」、「生き抜く力」を付けることが

求められている。その際、学力の基盤となるものは、特別活動の目標である豊かな人間形成にある。その意味から、ペスタロッチの「生活が人間を陶冶する（Das Leben bildet）」の理念は、まさに特別活動に表されているといえる。

第2節

特別活動における教師の指導助言

① 自主的、実践的な活動を促す指導

　自主的、実践的な活動を促すためには、教師は「適切な」指導助言をする必要がある。そのためには、教師が一方的に指導したり、口出しを多くしたりするなどの過干渉を慎しむとともに、子どもに任せ過ぎる放任も避けなければならない。

(1)　児童生徒が主体的に活動できる場と時間を保障し、児童生徒を活動の中心に据える。

(2)　特別活動で育成を目指す資質・能力の中で何を目標とするのか、活動の目的や見通しを児童生徒に明確にもたせる。

(3)　結果だけでなく、頑張っていたことなど、活動の過程も重視する。

(4)　自主的、実践的な活動は、一定の制限や範囲があるということを分からせ、活動の自治的な範囲を超える場合は、すみやかに指導や助言を行う。

② 特別活動における指導助言の留意点

　特別活動は、さまざまな内容や活動形態があるため、特別活動の各内容の特質に応じた適切な指導助言をしなければならない。例えば、学校行事などは、全教職員で児童生徒の指導に当たることが多い。そこで、指導体制として教職員共通理解のもと、教師間の指導の役割を明確にす

るとともに、教師の足並みをそろえ、ぶれない指導助言をすることが大切である。また、様々な場面で臨機応変に適切な指導ができるよう、広く豊かな視野をもっておくことも肝要である。

　なお、各学習指導要領解説の特別活動編[1]には次の6点が挙げられている。

(1)　教師と児童生徒及び児童生徒相互の人間的な触れ合いを基盤とする指導であること。

(2)　児童生徒の問題を児童生徒とともに考え、ともに歩もうとする教師の態度が大切であること。

(3)　児童生徒に接する際には、常に温かな態度を保持し、公平かつ受容的で、児童生徒に信頼される教師であること。

(4)　教師の教育的な識見と適正な判断力を生かすとともに、問題によっては毅然とした態度で指導に当たる必要があること。

(5)　児童生徒の自主的、実践的な活動を助長し、常に児童生徒自身による創意工夫を引き出すように指導すること。

(6)　集団内の人間関係を的確に把握するとともに、人間尊重の精神に基づいて児童生徒が望ましい人間関係を築くように指導に努めること。

③　特別活動の指導助言をするときの心得

　指導助言は、次の活動につながるように努めたい。そのためには、叱るよりもほめることを意識し、前向きな声かけをすることが大切である。また、ほめるときは具体的にほめると、より自分事としてとらえることができる。

　いずれにしても児童生徒の成長をともに喜ぶ教師でありたい。そのため、本気で児童生徒のことを思う教師になることである。また、児童生徒の声にしっかりと耳を傾け、ふだんから信頼関係を築いておくことが、心に響く指導助言になることを忘れてはならない。

第3節

特別活動と他の教育活動との関連

① 特別活動と各教科及び外国語活動（小学校）

　各教科の学習で獲得した関心・意欲や知識・技能などが、特別活動における集団の場で総合的に生かされ発揮される。また、集団活動で培われた児童生徒相互のよりよい人間関係や生活づくりが学級経営の充実につながり、各教科の「主体的・対話的で深い学び」が支えられるなど、各教科の学習によい影響を与えることが多く見られる。このように、各教科と特別活動は、互いに支え合い、高め合う往還関係にある。

② 特別活動と道徳教育

　学級や学校生活における特別活動の集団活動や体験的な活動は、日常生活における道徳的な実践の指導を行う重要な機会となり、道徳教育において果たす役割は大きい。

　現在、学校教育の課題は児童生徒に「生きる力」を育むことであり、その根底となるものは「豊かな人間性」である。「豊かな人間性」の育成においては、小・中学校では「特別の教科道徳」の授業がその中核となる。高等学校では、道徳の時間は設けられていないが、教育活動全体を通じて道徳教育を推進していくこととされている。

　改訂された道徳において重視される「豊かな人間教育の推進」、「社会的課題を自ら解決しようとする意欲や態度の育成」、「体験学習の推進」、「児童生徒に熟考や討議を促す指導法」などは、集団活動・体験活動を特質とする特別活動の指導内容・方法に包含されているものもあり、双方には一層深い関わりが出てくる。

　特別活動と道徳科との関連については、小学校学習指導要領第6章の第3の1の(6)、中学校学習指導要領第5章の第3の1の(5)で、「道徳科などとの関連を考慮しながら、第3章「特別の教科道徳」の第2に示

す内容について、特別活動の特質に応じて適切な指導をすること。」と示されている。

すなわち、「特別の教科道徳」の「自己の生き方について考えを深める学習」との関連を図り、特別活動の実践活動を通して「自己の生き方についての考えを深め、自己実現を図ろうとする態度」を育てる必要がある。その際、実践活動や体験活動を通して、集団の一員としての望ましい認識をもつようにする特別活動と、教材を活用して多様な道徳的諸価値の内面化を図る道徳科の授業との違いは理解しておかなければならない。

③　特別活動と総合的学習の時間

両者は、児童生徒が課題を見付け、体験的な学習や協働的な学習を通して、課題解決に向けて取り組んでいくという共通性をもっている。一方、両者の違いをそれぞれの目標から考えると、特別活動は「実践的活動」であり、総合的学習は「探究的活動」にあると考えられる。

特別活動における「実践的活動」は、集団や自己の生活上の課題解決に向けて、実際に話し合ったことをもとに「実践」することであり、学級・学校生活の充実向上や自己の課題改善などの現実の問題解決に生かしていくものである。

総合的学習においては、「探究的活動」であり、児童生徒が日常生活や社会に目を向けた時に湧き上がってくる疑問や関心を解決したり、明らかにしたりしていく学習活動である。そして、そこから新たな課題を見付け、問題の解決を始めるといった学習を繰り返しながらスパイラルに発展的に高まっていくものである。[2]

特別活動で身に付けたよりよい生活や人間関係を築こうとする自主的、実践的な態度は、総合的な学習の時間のよりよく解決する資質や能力の育成の基盤となるものであり、逆も同様である。また、特別活動における各種のグループや異年齢集団などにおける活動や、自然体験、ボ

ランティア活動などの体験活動を重視することなどは、総合的な学習の時間と共通性があるので、両者の関連を図った指導を行うことが大切である。

家庭・地域・関係機関との連携

1　連携の意義

特別活動は、集団活動を通して児童生徒の自主的、実践的な態度の育成を目指しているが、そのためには、現実の生活経験や学習経験として児童生徒に体験させることが望まれる。その体験の場が地域社会である。したがって、家庭・地域・関係諸機関との連携を積極的に推進して多様な人々の協力や支援を得ることは、特別活動の充実を図ることになる。

(1)　交流及び協働学習については、学校がその目的を達成するため、学校や地域の実態等に応じ、教育活動の実施に必要な人的又は物的な体制を家庭や地域の人々の協力を得ながら整えるなど、家庭や地域社会との連携及び協働を深める。

(2)　高齢者など、地域における世代を越えた交流の機会を設け、さまざまな立場や考え方の違う人々を知り、視野を広げる。

(3)　他の小・中学校や、幼稚園・認定こども園・保育所・高等学校・特別支援学校などとの連携や交流及び協働学習の機会を設け、ともに尊重し合いながら協働して生活していく態度を育む。

2　連携内容（例）

・各種学校行事への参加協力

交通安全学習における警察署の協力、避難訓練における消防署の

協力、運動会・体育祭における地域団体の協力、○○実習における
関係者の参加協力など
・児童会活動や生徒会活動、クラブ活動、学校行事への招待や交流
　児童会活動や生徒会活動での近隣の幼稚園・認定こども園・保育
　所などの幼児福祉施設、高齢者や障がい者福祉施設訪問、クラブ活
　動における保護者や地域の人々への活動内容や成果の発表、保護者
　や地域の人々を学校行事に招待しての交流など

③　指導の工夫

　特別活動において、自分のよさや可能性を発揮し、よりよい人間関係
を築こうとする自主的、実践的な活動を設定するとともに、児童生徒が
活動を振り返り、自分や友だちががんばったことを認め合ったり、教師
が一人一人の成長を具体的に称賛したりすることが大切である。家庭・
地域・関係機関との連携を視野に入れた活動も同様である。その積み重
ねが自信につながり、自己肯定感や自己有用感を体得できるように指導
の工夫を行う。

第5節

特別活動の評価

①　評価に関する基本的な考え方

　評価は、学習指導要領の目標に照らして設定した観点ごとに、学習状
況の評価を行う「目標に準拠した評価」として実施しなければならない。
　特別活動の学習の評価についても、各教科等共通の「学力の三要素」
である「知識及び技能」「思考力、判断力、表現力等」「主体的に学習に取
り組む態度」の観点で評価し、指導の改善や学習意欲の向上を図り、特
別活動で目指す資質・能力の育成に生かすようにしなければならない。

　なお、小学校学習指導要領第1章総則第3の2の（1）において、評価については次のように示されている。（中・高等学校も同様）

> （1）　児童のよい点や進歩の状況などを積極的に評価し、学習したことの意義や価値を実感できるようにすること。また、各教科等の目標の実現に向けた学習状況を把握する観点から、単元や題材など内容や時間のまとまりを見通しながら評価の場面や方法を工夫して、学習の過程や成果を評価し、指導の改善や学習意欲の向上を図り、資質・能力の育成に生かすようにすること。

　このことは、個性の伸長を目指し実践的な活動を特質とする特別活動においては、特に配慮すべきことであり、指導計画の作成、計画に基づく活動、活動後の振り返りという一連の過程のそれぞれの段階で評価する必要がある。

② 特別活動の評価の観点

　特別活動の評価においては、「児童生徒にどのような力が身に付いたか」という学習の成果を的確に捉え、指導の改善を図らなければならない。そのため、新学習指導要領では、特別活動の評価の観点も各教科等と同様に「三つの柱」の資質・能力に沿って設定して指導と評価の一体化を図ることが示されている。

　なお、特別活動においては、「特別活動の目標」や「特別活動の特質」、「自校の実態」を生かすということから、設置者でなく、「各学校で評価の観点を定める」とされている。したがって、例えば、「三つの柱」の資質・能力の内、「学びに向かう力、人間性等」の評価観点については、「主体的に生活や人間関係をよりよくしようとする」や「主体的に学習に取り組む態度」等のようにも定められる。（本書の場合、p155以降は「主体的に学習に取り組む態度」の表記を用いている。）

　なお、上記「学びに向かう力、人間性等」の内、「人間性」は、観点別学習状況の評価や評定にはなじまないので、個人内評価を通じて見取ることに留意したい。

表8-1　特別活動の評価の観点（例）

観点	1. よりよい生活を築くための知識及び技能	2. 集団や社会の形成者としての思考力、判断力、表現力等	3. 主体的に生活や人間関係をよりよくしようとする態度
観点の趣旨	多様な他者と協働する様々な集団活動の意義や、活動を行う上で必要となることについて理解している。 　自己の生活の充実・向上や自分らしい生き方の実現に必要となることについて理解している。 　よりよい生活を築くための話合い活動の進め方、合意形成の図り方などの技能を身に付けている。	所属する様々な集団や自己の生活の充実・向上のため、問題を発見し、解決方法について考え、話し合い、合意形成を図ったり、意思決定したりして実践している。	生活や社会、人間関係をよりよく築くために、自主的に自己の役割や責任を果たし、多様な他者と協働して実践しようとしている。

出典：文部科学省国立教育政策研究所『「指導と評価の一体化」のための学習評価に関する参考資料（小学校・特別活動）』教育課程研究センター　令和2年3月 pp28-29

(注1) 表の「観点」は、教育課程全体を通して育成を目指す資質・能力の評価観点である。特別活動の場合は、自校の実態に合わせた観点を設定することも可能である。(前頁の下線内容を参照されたい。)

(注2) 表の「観点の趣旨」は、観点のイメージの説明である。したがって、この部分は、次の③に示す評価規準の内容を文書で表すことになる。

③　特別活動の評価規準

　評価規準は、特別活動の目標や各活動・学校行事の目標、各学校で設定した各活動・学校行事において育成を目指す資質・能力を踏まえて、「内容のまとまりごとの評価規準」を文章表記したものである。評価規準は学習の見通しをもたせるために、授業の最初に児童生徒に示すことを前提に設定しなければならない。

学級活動の評価規準（例）

小学校4年　学級活動（1）ウ……社会参画

表8-2　議題「みんなが楽しく参加できる大なわとび大会の計画を立てよう」

観点	1. 知識及び技能	2. 思考力、判断力、表現力等	3. 主体的に学習に取り組む態度
評価規準	みんなが楽しく参加できる集団活動の意義を理解し、活動を行う上で必要となる話合い活動や合意形成の方法を身に付けている。	いろいろな意見を理解し、学級生活の向上を目指して、課題の解決のために話し合い、合意形成を図ろうとしている。	学級内の多様な集団活動に参加し、問題を主体的に解決することを通して、よりよい生活をしようとしている。

(注) 表の観点3の表記については p.153「特別活動の評価の観点」の下線内容を参照にされたい。

④ 特別活動の評価のポイント

(1)　多くの教師の目で、「指導計画」「指導方法」「集団及び個人の変容」について評価することを共通理解しておかなければならない。

(2)　事前・本時・事後の活動過程ごとに評価することが大切である。その際、活動の結果の出来栄えを評価するだけでなく、活動の過程における児童生徒の努力や意欲などを積極的に認める評価にしなければならない。

(3)　すべての観点を1単位時間に評価する必要はなく、本時の指導のねらいに合った観点に絞って評価する。評価に多大な時間を要すると、児童生徒と十分関わることができなくなる。

(4)　特別活動の指導は、学級活動・ホームルーム活動以外は、多くの教師が関わることになる。そこで、関係する教師と担任教師との間で情報交換を密にすることや、評価に必要な資料等を収集し、活用できる評価体制を整えておくことが必要である。

(5)　特別活動は、社会性など豊かな人間性の育成を目指している。したがって特別活動においては、教科における評価と違って幅が広

く、「十分満足できる」「おおむね満足できる」程度の段階で評価する。また、得点による評価は、人間性育成の機能を有する学習活動には馴染まない。

(6)　指導要録や家庭連絡の通知表には、評価の観点に照らして、十分に満足できる状況にある場合には、該当項目に「○」を付ける。

⑤　特別活動の各観点の評価方法

評価方法としては、指導と評価の一体化を図り、自己評価、相互評価、パフォーマンス評価、ポートフォリオ評価等の多面的・多角的な評価を取り入れる。

［自己評価］児童生徒自らが自分自身の活動を評価する。

［相互評価］児童生徒同士が互いに評価し合う。

［パフォーマンス評価］知識や技能を使いこなすことを求めるような評価。（完成作品、実演、スピーチ、プレゼンテーションなど）

［ポートフォリオ評価］児童生徒が作成した成果物（作文、レポート、作品など）や教師の指導と評価の記録などを系統的にファイルして、児童生徒も教師も自らの取り組みを評価する。

表8-3　特別活動の評価法（例）

1.「知識及び技能」 ・発言の内容、グループでの話合い、質問紙・レポートの記述、チェックカード等
2.「思考力、判断力、表現力等」 ・行動の観察、発言の内容、グループでの話合い、学級会ノートの記述、振り返りカードの記述、プレゼンテーション、情報の収集・整理、質問紙等
3.「主体的に学習に取り組む態度」 ・行動の観察、発言の内容、グループでの話合い、学級会ノートの記述、振り返りカードの記述、チェックカード、作文の内容等

6　特別活動の評価用紙の様式・内容

　特別活動の評価用紙の様式・内容は、三つの評価観点や各活動・行事の特質を踏まえたものになる。指導要録「特別活動の記録」欄以外の評価の様式・内容は、各学校としての重点化や工夫を踏まえ、育てようとする資質・能力などに即し、より具体的に定めることが考えられる。

　次に児童生徒の自己評価例と、教師記入の評価用紙の例を紹介する。

　☆　今日の学級会の内容や参加態度をふり返ってみましょう。

①　学級目標の達成のために自分はがんばれましたか。（主体的態度）	A　B　C
②　話合いで、自分の考えをみんなにわかるように話すことができましたか。（知識・技能）（思考・判断・表現）	A　B　C
③　友だちの意見を自分の考えと比べながらしっかりと聞き取ることができましたか。（思考・判断）	A　B　C
④　今まで気づかなかった友だちの考えを知ることができましたか。（知識・技能）	A　B　C

図8-1　学級会　ふり返りカード　　　小学校

球技クラブ　個人カード

月　日（　　）　　　　　　年　組　名前

○　今日の活動内容　（　　　　　　　　　　　　　　　　）

クラブのめあて	みんなで話し合って仲よく協力し、楽しい球技クラブにしよう。
グループのめあて	
自分のめあて	

○　今日の反省
・めあてを守って活動できましたか。（よくできた・できた・あまりできなかった）
・協力して楽しく活動できましたか。（よくできた・できた・あまりできなかった）
・準備やあとかたづけはできましたか。（よくできた・できた・あまりできなかった）

図8-2　クラブ活動ふり返りカード　　　小学校

学 校 行 事 カ ー ド （体 育 祭）

　　　　　　　　年　　　組　　　番　　　氏名 _____

1　行事の目標

　・運動に親しむとともに、規律ある集団行動をする。

　・自分の役割を自覚し、自主的に活動して自分の責任を果たす。

　・互いに協力して取り組み、学級やブロックの絆を深める。

2　行事で大切なこと

3　自分の役割や係

4　自分の目標

5　振り返り

		とても そう思う			まったく そう思わない
①	自ら進んで取り組もうとした。	A	B	C	D
②	自分の役割を果たすことができた。	A	B	C	D
③	まわりの人との絆を深めることができた。	A	B	C	D
④	学んだことを今後の学校生活に生かそうと思う。	A	B	C	D
⑤	自分の目標を達成できた。	A	B	C	D

6　この行事で学んだことや感想

図8-3　学校行事 「学校行事カード」 [3)]　　中学校

令和○○年度　第○学期　特別活動評価資料集約シート

年　　　組　　　学級担任氏名

記入者確認欄〔学年主任・生徒指導主事・養護教諭・○○教諭・○○教諭・○○教諭〕

| 生徒氏名
（役割） | 内容 | 評価の観点 | | | ○印の記入者氏名とメモ | まとめ |
		集団活動や生活についての知識及び理解	集団や社会の一員としての思考、判断、表現	集団活動や生活への主体的態度		
△△△△ （生活委員）	学級活動		○		〔記入者氏名〕学級で企画したゴミ拾いボランティア活動を実践した。	
	生徒会活動	○	○ ○	○	〔記入者氏名〕委員長としてリーダーシップを発揮した。 〔記入者氏名〕毎朝あいさつ運動に参加した。	
	学校行事	○	○		〔記入者氏名〕修学旅行での班別活動では班員の世話をする姿をよく見かけた。	
□□□□ （美化委員）	学級活動	学級担任以外の教師が、補助簿等に累積した記録や、生徒が作成した各種記録等を参考に行った評価結果を記入する。	○印を付けた場合に、記入した教師の氏名とその根拠となる事実等を記入する。		学級活動の評価は、主として学級担任が行うが、必要に応じ学級担任以外の教師から情報を集めることも考えられる。	
	生徒会活動					

図8-4　特別活動「評価資料集約シート」　　　中学校

引用文献

1)　文部科学省『小学校学習指導要領（平成29年告示）解説　特別活動編』
東洋館出版社　平成30年　p160
文部科学省『中学校学習指導要領（平成29年告示）解説　特別活動編』
東山書房　平成30年　pp135-136
文部科学省『高等学校学習指導要領（平成30年告示）解説　特別活動編』
学校図書　平成31年　p125

2)　田村学『小学校学習指導要領ポイント総整理　総合的な学習の時間』　東
洋館出版社　平成29年　p28

3)　国立教育政策研究所『評価規準の作成、評価方法等の工夫改善のための参考資料（中学校　特別活動）』2011 年　p53

参考文献

○　文部科学省『小学校学習指導要領解説（平成 29 年告示）特別活動編』東洋館出版社　平成 30 年

○　文部科学省『中学校学習指導要領解説（平成 29 年告示）特別活動編』東山書房　平成 30 年

○　文部科学省『小学校学習指導要領解説（平成 29 年告示）総則編』東洋館出版社　平成 30 年

○　文部科学省『小学校学習指導要領解説（平成 29 年告示）特別の教科道徳編』東洋館出版社　平成 30 年

○　文部科学省『小学校学習指導要領解説（平成 29 年告示）総合的な学習の時間編』東洋館出版社　平成 30 年

○　日本特別活動学会（編）『三訂　キーワードで拓く新しい特別活動』東洋館出版社　令和元年

○　田村学『小学校学習指導要領ポイント総整理　総合的な学習の時間』 東洋館出版　平成 29 年

○　文部科学省『特別活動の評価の観点』中央教育審議会答申　2016 年

○　中園大三郎・松田修編著『特別活動の理論と実践』学術研究出版　2018 年

○　国立教育政策研究所『評価規準の作成、評価方法等の工夫改善のための参考資料（中学校　特別活動）』2011 年

○　文部科学省国立教育政策研究所『「指導と評価の一体化」のための学習評価に関する参考資料』（小学校・特別活動）教育課程研究センター　令和 2 年

特別活動における「主体的・対話的で深い学び」とは

··

　今回の学習指導要領改訂の大きなポイントの一つは、「未知の社会を生き抜く力を育む」ため、「主体的・対話的で深い学び」が示されたことである。

　様々な集団活動により、自主的、実践的な学びを特質としている特別活動においても「主体的・対話的で深い学び」への授業改善が求められている。

　特別活動では、各活動と学校行事の特質に即して、課題発見―話合い―実践―振り返りという学習過程が示されている。この一連の学習過程を通すことにより、活動を深め、より充実したものにすることができ、「主体的・対話的で深い学び」の実現を図ることになる。

(1) 「主体的な学び」

　学級や学校の実態や自己の現状に即し、課題を見いだしたり、課題解決に向けて自主的に実践したり、成果や改善点に気付いたりできるような学習過程を通すことにより、児童生徒の主体的な学びが実現できると考えられる。このように集団や自己について振り返り、新たな成果や課題を見出すことで、次の活動への意欲としてつなげていくことができる。

(2) 「対話的な学び」

　特別活動の各活動・学校行事などの自治的な活動では、「話合い活動」が位置付けられている。児童生徒の話合い活動を通して、学級・学校生活における集団や自己の生活上の課題を見いだし、話し合い、解決するために合意形成を図ったり、意思決定したりする中で、他者の多様な考え方に触れ、自らの考えを広げたり深めたりすることができる。

(3) 「深い学び」

　「深い学び」の実現には、一連の学習過程の中でどのような資質・能力を育むのかを明確にした上で、意図的・計画的に指導に当たることが肝要である。その際、「人間関係形成」「社会参画」「自己実現」の三つの視点

を生かしながら、各教科等で学んだ知識や技能と関連付けてより深く理解したり、新たな課題を発見し解決策などを考えたりすることなど、より質の深い学びを実現することが求められている。

　特別活動における「主体的・対話的で深い学び」への授業改善は、とりわけ授業の方法や技術の改善のみを意図するものではなく、児童生徒の自主的、実践的な態度を育むための「主体的な学び」、「対話的な学び」、「深い学び」の視点で、授業改善を進めることが大切である。

参考文献
文部科学省『小学校学習指導要領（平成 29 年告示）　解説』東洋館出版社　平成 30 年　pp22-23

（中園大三郎）

小学校
「総合的学習・環境問題のグループ学習」

第 9 章

総合的学習の時間の基礎・基本

第1節

総合的学習の目標

　学習指導要領に示されている小・中・高等学校の総合的学習の目標は、次の通りである。

小・中学校「総合的な学習の時間」　第1の目標[1]

　探究的な見方・考え方を働かせ、横断的・総合的な学習を行うことを通して、よりよく課題を解決し、自己の生き方を考えていくための資質・能力を次のとおり育成することを目指す。
　(1)　探究的な学習の過程において、課題の解決に必要な知識及び技能を身に付け、課題に関わる概念を形成し、探究的な学習のよさを理解するようにする。
　(2)　実社会や実生活の中から問いを見いだし、自分で課題を立て、情報を集め、整理・分析して、まとめ・表現することができるようにする。
　(3)　探究的な学習に主体的・協働的に取り組むとともに、互いのよさを生かしながら、積極的に社会に参画しようとする態度を養う。

高等学校「総合的な探究の時間」　第1の目標[2]

　探究の見方・考え方を働かせ、横断的・総合的な学習を行うことを通して、自己の在り方生き方を考えながら、よりよく課題を発見し解決していくための資質・能力を次のとおり育成することを目指す。
　(1)　探究の過程において、課題の発見と解決に必要な知識及び技能を身に付け、課題に関わる概念を形成し、探究の意義や価値を理解するようにする。
　(2)　実社会や実生活と自己の関わりから問いを見いだし、自分で課題を立て、情報を集め、整理・分析して、まとめ・表現することができるようにする。
　(3)　探究に主体的・協働的に取り組むとともに、互いのよさを生かしながら、新たな価値を創造し、よりよい社会を実現しようとする態度を養う。

　目標の前段に示されている第1の目標は、大きく分けて二つの要素で構成されている。
　一つは、総合的な学習の時間に固有な見方・考え方を働かせ、横断的・

総合的な学習を行うことを通して、よりよく課題を解決し、自己の生き方を考えていくための資質・能力を育成するという、この時間の特質を踏まえた学習過程の在り方である。

　もう一つは、後段の (1)、(2)、(3) に示されているこの時間を通して育成することを目指す資質・能力である。これらの資質・能力は、他教科等と同様に、(1) では「知識及び技能」、(2) では「思考力、判断力、表現力等」、(3) では「学びに向かう力、人間性等」が示されている。

　なお、この第 1 の目標からも明らかなように、小・中学校の総合的な学習の時間は、「よりよく課題を解決することにより、自己の生き方を考えていく」に対して、高等学校の総合的な探究の時間は、「自己の在り方生き方を考えながら、よりよく課題を発見し解決していく」という特質がある。

総合的学習の教育的意義

　総合的学習は、新学習指導要領において「生きる力」を育む中心的カリキュラムとして、より明確に位置付けられた。そのねらいは、教科等を超えた横断的・総合的な学習として、小学校 3 年以上の各学年で実施し、社会の変化に主体的に対応できる資質や能力を育成することにあり、大きな教育的意義を有している。この総合的学習の主要な教育的意義として、以下の内容が挙げられる。

　○　総合的学習は、学校教育で目指す「生きる力」育成の中心的な役割を担う学習である。

　○　総合的学習は、この学習に固有な見方・考え方を働かせて、横断的・総合的な学習を行うことを通して、よりよく課題を解決し、自己の生き方 (小・中学校)、自己の在り方生き方 (高等学校) を考え

ていくための資質・能力を育成する。

○　総合的学習における探究的な課題解決の取組は、各教科等で身に付けた資質・能力等を生かしながら行われる。一方、総合的学習で育成された資質・能力は、各教科等の学習に還元され、いわゆる双方の往還的関係により深い学びを生み出す。

○　総合的学習は、21世紀に生きる力として社会の変化に主体的に生きる学力形成を図る。その学力には、体験的創造的学力、情報収集・表現・発信する学力、社会的情意的能力、バランスのとれた体力、気力等があり、これらを総合的・探究的な学習に発展させて問題解決能力を育成する。

○　「生きる力」を育成するに必要な国際理解、情報、環境、福祉、健康など、従来の教科カリキュラムでは扱いにくかったテーマを総合的に取り上げ、社会の変化に主体的に対応できる資質・能力を育成する。

○　今日の社会的要請の一つに特色ある学校の創造があり、この点、総合的学習は、地域・学校・子どもと教師・地域の人たちによって創造的に構成し、実践する性格をもっているので特色ある学校づくりには最適な学習である。

以上の通り、教科等の枠を超えた横断的・総合的な学習は、自ら学び自ら考える力などの「生きる力」を育む役割を担っている。

第３節

各学校において定められる目標及び内容の取扱い

各学校においては、第１の目標を踏まえ、各学校の総合的な学習・探究の時間の目標を適切に定めることが学習指導要領[3]で示された。

具体的には、第１の目標に従って、以下の二つを反映させることが、

その要件となる。なお、下記（1）内の下線部は小・中学校、（　）の部分は高等学校を表す。

(1)　「探究的（探究）な見方・考え方を働かせ、横断的・総合的な学習を行うことを通して」、「よりよく課題を解決し、自己の生き方を考えていくための資質・能力を育成することを目指す」（「自己の在り方生き方を考えながら、よりよく課題を発見し解決していくための資質・能力を育成することを目指す」）という、目標に示された二つの基本的な考えを踏まえること。

(2)　育成を目指す資質・能力については、「育成すべき資質・能力の三つの柱」である「知識及び技能」、「思考力、判断力、表現力等」、「学びに向かう力、人間性等」のそれぞれについて、第1の目標の趣旨を踏まえること。

　各学校で目標を定めることの理由として、①各学校が創意工夫を生かした探究的な学習や横断的・総合的な学習を実施することが期待されているためで、地域や学校、児童生徒の実態や特性を考慮した目標を各学校が主体的に判断して定めることが不可欠であること。②学校における教育目標を踏まえ、育成を目指す資質・能力を明示することが望まれること。これにより、この時間が各学校のカリキュラム・マネジメントの中核になることが今まで以上に明らかになること。③学校として教育課程全体の中での総合的な学習・探究の時間の位置付けや他教科等の目標及び内容との違いに留意しつつ、この時間で取り組むにふさわしい内容を定めるためであることが期待されているということが挙げられる。

　そして、学習指導要領の解説[4]で各学校において定める目標及び内容の設定に当たっては、次の事項を考慮する必要があると示された。

　なお、下記文書中、下線部は小・中学校を、（　）内は高等学校を表す。

(1)　各学校において定める目標については、各学校の教育目標を踏まえ、この時間を通して育成する資質・能力を示すこと。

(2)　各学校において定める目標や内容については、他教科等の目標及

び内容との違いに留意しつつ、他教科等で育成を目指す資質・能力
との関連を重視すること。

(3) 各学校において定める目標や内容については、<u>日常生活</u>（地域）
や社会との関わりを重視すること。

(4) 各学校において定める内容については、目標を実現するにふさわ
しい探究課題の解決を通して育成を目指す具体的な資質・能力を示
すこと。

(5) 目標を実現するにふさわしい探究課題については、<u>学校の実態</u>
（地域や生徒の実態等）に応じて、例えば、国際理解、情報、環境、福
祉・健康などの現代的な諸課題に対応する横断的・総合的な課題、
地域や学校の特色に応じた課題、学習者の興味・関心に基づく課
題、職業や自己の<u>将来</u>（進路）に関する課題などを踏まえて設定す
ること。

(6) 探究課題の解決を通して育成を目指す具体的な資質・能力につい
ては、次の事項に配慮すること。

　ア　知識や技能については、他教科等及びこの時間で習得する知識
及び技能が相互に関連付けられ、社会の中で生きて働くものとし
て形成されるようにすること。

　イ　思考力、判断力、表現力等については、課題の設定、情報の収集、
整理・分析、まとめ・表現などの<u>探究的な学習</u>（探究）の過程に
おいて発揮され、未知の状況において活用できるものとして身に
付けられるようにすること。

　ウ　学びに向かう力、人間性等については、自分自身に関すること
及び他者や社会との関わりに関することの両方の視点を踏まえる
こと。

(7) 目標を実現するにふさわしい探究課題及び探究課題の解決を通し
て育成を目指す具体的な資質・能力については、<u>教科等</u>（教科・科
目等）を越えた全ての学習の基盤となる資質・能力が育まれ、活用

されるものとなるよう配慮すること。

目標を実現するにふさわしい探究課題

　目標の実現にふさわしい探究課題とは、学校実態に応じて児童生徒が探究的な学習に取り組む課題（小・中学校）や生徒が探究に取り組む課題（高等学校）のことである。これまでは「学習対象」と説明されてきた。児童生徒がこの課題について探究することを通して学ぶという学習過程も重要であることを明確にするために、今回の改訂では「探究課題」として示された。

　例えば、小学校3年から6年までの児童の発達段階においては、「身近な自然環境とそこで起きている環境問題」、「地域の伝統や文化とその伝承に力を注ぐ人々」、「実社会で働く人々の姿と自己の将来」など。また、中学校1年から3年までの発達段階では、「地域の自然環境とそこから起きている環境問題」、「地域の伝統や文化とその伝承に力を注ぐ人々」、「実社会で働く人々の姿と自己の将来」、「ものづくりの面白さや工夫と生活の発展」、「職業の選択と社会への貢献」などの探究的な学習課題。さらに、高等学校の1年から3年の発達段階においては、「自然環境とそこに生じるグローバルな環境問題」、「地域の伝統や文化とその伝承に取り組む人々や組織」、「文化や流行の創造や表現」、「職業の選択と社会貢献及び自己実現」などの探究課題を学習指導要領解説は例示している。

　それぞれ例示された課題は、第1の目標の構成から導かれる以下の三つの要件を適切に実施するものと考えられる。

　なお、下の文書中、下線部分は小・中学校、（　）内部分は高等学校を表す。

　(1)　探究的な見方・考え方（探究の見方・考え方）を働かせて学習す

ることがふさわしい課題であること。

(2)　その課題をめぐって展開される学習が、横断的・総合的な学習としての性格をもつこと。

(3)　その課題を学ぶことにより、<u>よりよく課題を解決し、自己の生き方を考えていくことに</u>、（自己の在り方生き方を考えながら、よりよく課題を発見し解決していくことに）結び付いていくような資質・能力の育成が見込めること。

　以下に、目標の実現にふさわしい探究的な学習課題や探究課題を示す。[5]

表9-1　総合的な学習の時間（小学校）の探究的な学習課題例

三つの課題	探究的な学習課題の例
横断的・総合的な課題（現代的な諸課題）	地域に暮らす外国人とその人たちが大切にしている文化や価値観　（国際理解）
	情報化の進展とそれに伴う日常生活や社会の変化　（情報）
	身近な自然環境とそこに起きる環境問題　（環境）
	身の回りの高齢者とその暮らしを支援する仕組みや人々　（福祉）
	毎日の健康な生活とストレスのある社会　（健康）
	自分たちの消費生活と資源やエネルギーの問題　（資源エネルギー）
	安心・安全な町づくりへの地域の取組と支援する人々　（安全）
	食をめぐる問題とそれに関わる地域の農業や生産者　（食）
	科学技術の進歩と自分たちの暮らしの変化　（科学技術）
地域や学校の特色に応じた課題	町づくりや地域活性化のために取り組む人々や組織　（町づくり）
	地域の伝統や文化とその継承に力を注ぐ人々　（伝統文化）
	商店街の再生に向けて努力する人々と地域社会　（地域経済）
	防災のための安全な町づくりとその取組　（防災）

児童の興味関心に基づく課題	実社会で働く人々の姿と自己の将来	（キャリア）
	ものづくりの面白さや工夫と生活の発展	（ものづくり）
	生命現象の神秘や不思議さとそのすばらしさ	（生命）

※　情報などでは、プログラミングを体験しながら論理的思考力を身に付ける。このような体験を探究的な学習の過程に適切に位置付くようにしなければならない。

表9-2　総合的な学習の時間（中学校）の探究的な学習課題例

四つの課題	探究的な学習課題の例	
横断的・総合的な課題（現代的な諸課題）	地域に暮らす外国人とその人たちが大切にしている文化や価値観	（国際理解）
	情報化の進展とそれに伴う日常生活や消費行動の変化	（情報）
	地域の自然環境とそこに起きている環境問題	（環境）
	身の回りの高齢者とその暮らしを支援する仕組みや人々	（福祉）
	毎日の健康な生活とストレスのある社会	（健康）
	他に、資源エネルギー、安全、食、科学技術など	
地域や学校の特色に応じた課題	町づくりや地域活性化のために取り組む人々や組織	（町づくり）
	地域の伝統や文化とその継承に力を注ぐ人々	（伝統文化）
	商店街の再生に向けて努力する人々と地域社会	（地域経済）
	防災のための安全な町づくりとその取組	（防災）
生徒の興味関心に基づく課題	ものづくりの面白さや工夫と生活の発展	（ものづくり）
	生命現象の神秘や不思議さとそのすばらしさ	（生命）
職業や自己の将来に関する課題	職業の選択と社会への貢献	（職業）
	働くことの意味や働く人の夢や願い	（勤労）

表9-3　総合的な探究の時間（高等学校）の探究課題例

四つの課題	探究課題の例	
横断的・総合的な課題（現代的な諸課題）	外国人の生活者とその人たちの多様な価値観	（国際理解）
	情報化の進展とそれに伴う経済生活や消費行動の変化	（情報）
	自然環境とそこに起きているグローバルな環境問題	（環境）
	高齢者の暮らしを支援する福祉の仕組みや取組	（福祉）
	他に、健康、資源エネルギー、安全、食、科学技術など	
地域や学校の特色に応じた課題	地域活性化に向けた特色ある取組	（町づくり）
	地域の伝統や文化とその継承に取り組む人々や組織	（伝統文化）
	商店街の再生に向けて努力する人々と地域社会	（地域経済）
	安全な町づくりに向けた防災計画の策定	（防災）
生徒の興味関心に基づく課題	文化や流行の創造や表現	（文化の創造）
	変化する社会と教育や保育の質的転換	（教育・保育）
	生命の尊厳と医療や介護の現実	（生命・医療）
職業や自己の進路に関する課題	職業の選択と社会貢献及び自己実現	（職業）
	働くことの意味や価値と社会的責任	（勤労）

第5節

総合的学習を通して育成する資質・能力

　総合的学習で育成を目指す資質・能力は、各学習指導要領の総則に述べられた「知識及び技能」、「思考力、判断力、表現力等」、「学びに向かう力、人間性等」という三つの柱によって、他教科・科目等（道徳科を除く）と同様、第1の目標（本書の第9章第1節を参照）に示されている。

　従来は、総合的な学習の時間の資質・能力・態度として、「学習方法に関すること」、「自分自身に関すること」、「他者や社会とのかかわりに関

①課題の設定	②情報の収集	③整理・分析	④まとめ・表現
より複雑な問題状況 確かな見通し、仮説	より効率的・効果的な手段 多様な方法からの選択	より深い分析 確かな根拠づけ	より論理的で効果的な表現 内省の深まり
⬆	⬆	⬆	⬆
例) ■問題状況の中から課題を発見し設定する ■解決の方法や手順を考え、見通しをもって計画を立てる　　　など	例) ■情報収集の手段を選択する ■必要な情報を収集し、蓄積する　　　　　　　　など	例) ■問題状況における事実や関係を把握し、理解する ■多様な情報にある特徴を見付ける ■事象を比較したり関連付けたりして課題解決に向けて考える　　　など	例) ■相手や目的に応じてわかりやすくまとめ表現する ■学習の進め方や仕方を振り返り、学習や生活に生かそうとする　　　　　など
例) ■複雑な問題状況の中から適切に課題を設定する ■仮説を立て、検証方法を考え、計画を立案する　　　　　　　など	例) ■目的に応じて手段を選択し、情報を収集する ■必要な情報を収集し、類別し蓄積する　　　　　　　など	例) ■複雑な問題状況における事実や関係を把握し、自分の考えをもつ ■視点を定めて多様な情報を分析する ■課題解決を目指して事象を比較したり、因果関係を推測したりして考える　　　など	例) ■相手や目的、意図に応じて論理的に表現する ■学習の仕方や進め方を振り返り、学習や生活に生かそうとする　　　　　など

上段：小・中学校、網掛けした下段：高等学校

図9-3　探究の過程における思考力、判断力、表現力等の深まり（例）

	例)自己理解・他者理解	例)主体性・協調性	例)将来展望・社会参画
自分自身に関すること	探究的な活動を通して、自分の生活を見直し、自分の特徴やよさを理解しようとする	自分の意思で、目標をもって課題の解決に向けた探究に取り組もうとする	探究的な活動を通して、自己の生き方を考え、夢や希望などをもとうとする
	探究を通して、自己を見つめ、自分の個性や特徴に向き合おうとする	自分の意思で真摯に課題に向き合い、解決に向けた探究に取り組もうとする	探究を通して、自己の在り方生き方を考えながら、将来社会の理想を実現しようとする
他者や社会との関わりに関すること	探究的な活動を通して、異なる意見や他者の考えを受け入れて尊重しようとする	自他のよさを生かしながら協力して問題の解決に向けた探究に取り組もうとする	探究的な活動を通して、進んで実社会・実生活の問題の解決に取り組もうとする
	探究を通して、異なる多様な意見を受け入れ尊重しようとする	自他のよさを認め特徴を生かしながら、協働して解決に向けた探究に取り組もうとする	探究を通して、社会の形成者としての自覚をもち、社会に参画・貢献しようとする

上段：小・中学校、網掛けした下段：高等学校

図9-4　「学びに向かう力、人間性等」の表示

すること」の三つの視点を参考に例示されていた。この視点は、全国の実践事例を整理するなかで見いだされたものやOECDが示す主要能力（キー・コンピテンシー）にも符合する。

　今回の改訂では、これを受け継ぐ資質・能力の三つの柱に沿った探究課題の解決を通して、育成を目指す具体的な資質・能力を各学校が明示することとなる。そのため学習指導要領解説特別活動編（小・中・高等学校）において、児童生徒の発達段階を踏まえつつ、図9-3や図9-4のような様々な学習活動を通して時間をかけながらじっくり資質・能力を育んでいくことが示された。

引用文献

1) 文部科学省（2017）『小学校学習指導要領（平成29年告示）』東洋館出版社　平成30年　p8

　文部科学省（2017）『中学校学習指導要領（平成29年告示）』東山書房　平成30年　p8

2) 文部科学省（2018）『高等学校学習指導要領（平成30年告示）』学校図書　平成31年　p11

3) 文部科学省（2017）『小学校学習指導要領（平成29年告示）』東洋館出版社　平成30年　pp179-182

　文部科学省（2017）『中学校学習指導要領（平成29年告示）』東山書房　平成30年　pp159-161

　文部科学省（2019）『高等学校学習指導要領（平成30年告示）』学校図書　平成31年　pp475-477

4) 文部科学省（2018）『小学校学習指導要領（平成29年告示）解説 総合的な時間編』東洋館出版社　平成30年　pp23-34

　文部科学省（2018）『中学校学習指導要領（平成29年告示）解説 総合的な学習の時間編』東山書房　平成30年　pp18-34

文部科学省 (2019)『高等学校学習指導要領（平成30年告示）解説 総合的な探究の時間編』学校図書　平成31年　pp21-36

5)　同上書　小学校　p77、中学校　pp73-74、高等学校　p90

コラム⑪

「生活科」と「総合的な学習の時間」とは

　小学校低学年における「生活科」は「教科」であり、同中学年から高校における「総合的な学習・探究の時間」は、特別活動等と同様に「教科外」の教育活動である点が、まず異なる。しかし、自己実現に向けて取り組む学習活動と、育成を目指す資質・能力には、類似する点が多い。

　「生活科」が培う認識には、社会認識・自然認識・自己認識の三つがある。児童は色々なことに興味・関心を抱き、体験や活動を通して、個々に何かに気付いていくことでこの認識を意識化していく。その後、自分の身近な社会の事柄は「社会科」、自然の現象は「理科」へと教科編成され、それぞれの教科特有の「見方・考え方」（つまり、社会認識・自然認識）を深めていく。

　他方、自己認識に関しては、人・社会や自然と双方向的に関わることで、いつしか自立し、自分自身や自分の生活を豊かで大事にするという価値観を身に付けていく。この価値観は、「総合」における、「生き方」（高校では、「在り方生き方」）を考えることにつながる。自分を取り巻く環境に真摯に向き合うことで、次々と課題が生じ、自己解決が求められる。その際、横断的・総合的な知識・技能を駆使し、探究的な学習の過程を辿ることで、科学的な思考や認識、合理的な判断の基礎を築いていき、解決への見通しがもてるようになる。

　この総合的な学びは、高校卒業後の実社会や日常生活においても、社会で求められる資質・能力を自ら育み、生涯にわたって探究を深めていこうとする「未来の創り手」として、生かされることであろう。

参考文献
解説教育六法編集員会編（2020）『解説教育六法 2020 令和 2 年度版』三省堂

（村田卓生）

中学校「総合的学習・地域環境」

第10章

総合的学習の指導計画

第1節

全体計画

　各学校で定めた目標や内容を適切に実施していくためには、全体計画や年間指導計画の作成を行う必要があり、以下に小学校と中学校の全体計画例を示す。

○日本国憲法 ○教育基本法 ○学習指導要領	学校教育目標 互いを認め合い、未来に向かって、ともに伸びようとする児童の育成	○児童の実態 ○地域の実態 ○保護者、地域の願い

総合的な学習の時間の目標
○社会の課題解決へ向けて、各教科書で習得した知識や技能を生かし、課題に関わる知識や経験を関連付けて概念的な知識を身に付ける。
○社会や生活の中から疑問を見いだし、課題を設定し、情報を収集・整理・分析して、まとめや表現することを通して対象の本質に迫る。
○自らとは異なる意見や、他者の考えを受け入れながら、協働的に取り組めるようにする。

身に付けさせたい資質・能力

知識及び技能	思考力、判断力、表現力等	学びに向かう力、人間性等
○具体的な事象を比較したり、関係付けたりして課題を見付ける。 ○計画を基にねらいに基づいて情報を収集し、課題の答えを見付ける。 ○課題に対する答えを明らかにして、学習の成果をまとめる。	○学習対象に興味や関心をもつ。 ○自分で考えた方法で探究活動をする。 ○めてをもって探究活動をする。 ○学習の成果を生活の中で効果的に活用する。	○課題に対する自分の見方や考え方をもつ。 ○今の自分の望ましい行為の在り方を明らかにする。

総合的な学習の時間の内容

各教科等との関連

国語	○目的や意図に応じて分かりやすく表現する力 ○自分の考えを筋道立てて書く力	図画工作	○表現したいものを製作する力 ○つくりだす喜び
社会	○各種資料を効果的に活用する力 ○学習課題解決に向けて追求する力	家庭	○調理、製作等の実践的な知識や技能 ○家庭生活で環境に配慮して工夫する力
算数	○見通しをもち課題を解決する力 ○資料を分類、整理しグラフや表を用いて表す力	体育	○健康に関する知識や技能 ○たくましい心身
理科	○見通しをもって観察・実験等を行う力 ○環境について考えるための知識	特別の教科 道徳	○道徳的判断力 ○道徳的実践意欲と態度
生活	○身近な人々、社会、自然と関わる力 ○自分自身や自分の生活について気付く力	外国語活動 ・外国語	○言語や文化についての理解力 ○積極的にコミュニケーションを図ろうとする態度
音楽	○音楽によって養われる感性や情操 ○感じたことを声や楽器で表現する力	特別活動	○集団生活で、互いに高めあう力 ○話合い活動で、互いの思いを感じる力

【学習活動】	【指導方法】	【指導体制】	【学習評価】
児童や地域の実態を踏まえ、探究課題を設定する。地域の人、もの、ことを生かした学習課題を探究する。学習成果を表現する場を設定する。	児童の課題意識を発展させる支援の充実。個に応じた指導の工夫。協働的な学習活動の充実。教科との関連的指導の工夫。情報活用能力、問題発見・解決能力の育成。	全校指導体制を組織する。校内支援体制の確立。授業時数の確保と弾力的な運用。多様な学習活動に対応できる学習環境の整備。家庭・地域等との連携体制の構築。	指導と評価の一体化。観点別学習状況を把握する評価規準の設定。個人内評価を重視する。学期末、学年末における指導計画の検討。

図10-1　「総合的な学習の時間」　全体計画例　（小学校）

○日本国憲法 ○教育基本法 ○学習指導要領	学校教育目標 豊かな心と確かな学力を身に付け た心身ともに健康な生徒の育成	○生徒の実態 ○地域の実態 ○保護者、地域の願い

総合的な学習の時間の目標

○課題の解決に必要な知識及び技能を身に付け、課題に関わる概念を形成し、探究的な学習のよさを理解する。
○実社会や実生活の中から課題を見いだし、自ら課題を立て、情報を収集・整理・分析して、まとめ・表現することができるようにする。
○学習に主体的・協働的に取り組むとともに、互いのよさを生かしながら、積極的に参画しようとする。

身に付けさせたい資質・能力

知識及び技能	思考力、判断力、表現力等	学びに向かう力、人間性等
○具体的な事象を比較したり、関係付けたりして課題を発見する。 ○計画を基にねらいに基づいて情報を収集し、課題の答えを発見する。 ○課題に対する答えを明らかにして、学習の成果をまとめる。	○対象に興味や関心をもつ。 ○自ら考えた方法で探究活動を行う。 ○めあてに沿った探究活動をする。 ○学習の成果を実際の生活の中で効果的に活用する。	○課題に対する自分の見方や考え方をもつ。 ○今の自分の望ましい行為や態度の在り方を明確にする。

総合的な学習の時間の内容

○現代的な諸課題に対応する横断的・総合的な課題　○地域や学校の特色に応じた課題
○生徒の興味・関心に基づく課題　○職業や自己の将来に関する課題

各教科等との関連

国語	○分かりやすく表現する力 ○考えを筋道立てて表現する力	技術 ・家庭	（技術 分野）○製作する力 ○製作する喜び
社会	○資料を調査し、活用する力 ○課題を探究する力		（家庭 分野）○調理等に関する力 ○生活や環境への配慮
数学	○論理的に思考する力 ○資料等を適切に読み解く力	体育	○健康な心身 ○健康への知識や理解
理科	○観察や実験を行う力 ○環境等について考えるための知識	美術	○美術的に表現する力 ○感性
音楽	○感性や情操 ○表現力	特別の教科 道徳	○道徳的思考力、判断力 ○道徳的実践力
外国語	○言語や文化についての知識と理解 ○コミュニケーションを図る態度	特別活動	○話合い活動 ○集団生活に関する力

学習活動	指導方法	指導体制	学習評価
生徒や地域の実態を踏まえ、探究課題を設定する。地域の人、もの、ことを生かした学習課題を探究する。学習成果を表現する場を設定する。	生徒の課題意識を発展させる支援の充実。個に応じた指導の工夫。論理的な学習活動の実施。各教科との関連した指導。情報活用能力、問題解決能力の育成。	全校指導の体制の確立。校内支援体制の確立。授業時数の確保。弾力的な運用。学習環境の整備。地域と家庭との密な連絡体制の構築。	指導と評価の一体化。観点別評価規準の作成。生徒個人の自己評価を重視する。各学期、学年末の指導計画の検討。

図10-2　「総合的な学習の時間」　全体計画例　（中学校）

第2節

年間指導計画の作成

1　年間指導計画作成の工夫

(1)　学年間の関連やつながりがわかる

　　学校における教育目標を踏まえ、全体計画をもとに総合的な学習の時間を通して育成を目指す資質・能力を明確にした上で、児童生徒の発達段階や学習経験のつながりを考慮して年間計画を作成することで、学年間の系統性が生まれる。

(2)　テーマや学習内容が見える

　　育成を目指す資質・能力をもとに、各学年で取り上げる1年間のテーマを記す。その際、学級ごとに1年間1テーマでの取組を基本とする。

(3)　1年間の流れや学習内容がわかる

　　全体計画を踏まえ、その実現のために1年間の流れの中に児童生徒にとって意味のある課題の解決や探究的な学習のまとまりとしての「単元」を位置付けて、どのような学習活動を、いつの時期に、どのように実施するかを示す。なお、農業体験などは、年間を通しての帯単元として記入する。

(4)　各教科等の関連がわかる

　　横断的・総合的な学習を行う観点から、各教科等の関連を明示する工夫をする。いずれにしても見やすく分かりやすく、実用性のあるものにすることが大切である。なお、「総合的学習・探究」における学習活動により、特別活動の学校行事に掲げる各行事の実施と同様の成果が期待できる場合は、総合的な学習・探究の時間における学習活動をもって相当する特別活動の学校行事の実施に替えることができることは、2019（令和元）年4月1日施行の学校教育法施行規則（抄）にも示されている。

② 年間指導計画例

　年間指導計画の作成に当たっては、前年度に教育課程の見直しを図っておき、見通しをもって4月を迎え、学習活動や児童生徒の意識が連続し発展できるように配列することや、また、活用しやすい様式になるように工夫したい。以下に年間指導計画例（中学校）[1]を示す。

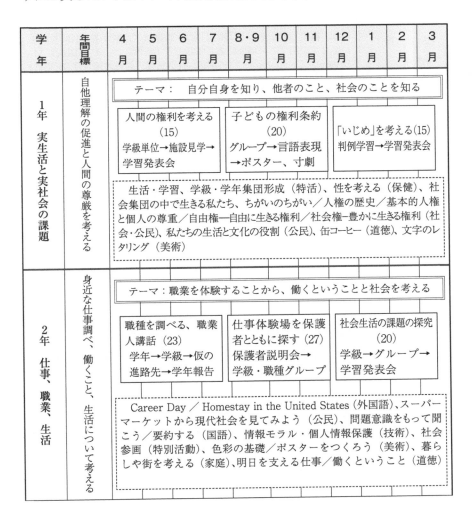

学年	年間目標	4月	5月	6月	7月	8・9月	10月	11月	12月	1月	2月	3月
1年　実生活と実社会の課題	自他理解の促進と人間の尊厳を考える	テーマ：　自分自身を知り、他者のこと、社会のことを知る　｜　人間の権利を考える（15）学級単位→施設見学→学習発表会　｜　子どもの権利条約（20）グループ→言語表現→ポスター、寸劇　｜　「いじめ」を考える(15)判例学習→学習発表会　｜　生活・学習、学級・学年集団形成（特活）、性を考える（保健）、社会集団の中で生きる私たち、ちがいのちがい／人権の歴史／基本的人権と個人の尊重／自由権―自由に生きる権利／社会権―豊かに生きる権利（社会・公民）、私たちの生活と文化の役割（公民）、缶コーヒー（道徳）、文字のレタリング（美術）
2年　仕事、職業、生活	身近な仕事調べ、働くこと、生活について考える	テーマ：職業を体験することから、働くということと社会を考える　｜　職種を調べる、職業人講話（23）学年→学級→仮の進路先→学年報告　｜　仕事体験場を保護者とともに探す（27）保護者説明会→学級・職種グループ　｜　社会生活の課題の探究（20）学級→グループ→学習発表会　｜　Career Day／Homestay in the United States（外国語）、スーパーマーケットから現代社会を見てみよう（公民）、問題意識をもって聞こう／要約する（国語）、情報モラル・個人情報保護（技術）、社会参画（特別活動）、色彩の基礎／ポスターをつくろう（美術）、暮らしや街を考える（家庭）、明日を支える仕事／働くということ（道徳）

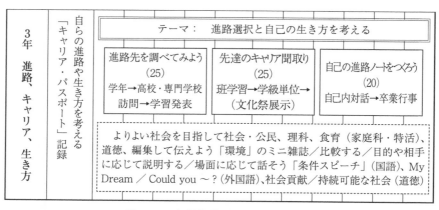

3年　進路、キャリア、生き方	自らの進路や生き方を考える「キャリア・パスポート」記録	テーマ：　進路選択と自己の生き方を考える		
		進路先を調べてみよう（25）学年→高校・専門学校　訪問→学習発表	先達のキャリア聞取り（25）班学習→学級単位→（文化祭展示）	自己の進路ノートをつくろう（20）自己内対話→卒業行事
		よりよい社会を目指して社会・公民、理科、食育（家庭科・特活）、道徳、編集して伝えよう「環境」のミニ雑誌／比較する／目的や相手に応じて説明する／場面に応じて話そう「条件スピーチ」（国語）、My Dream／Could you ～？（外国語）、社会貢献／持続可能な社会（道徳）		

図10-3　年間指導計画例　（中学校）

引用文献

1)　中園大三郎・松田修・中尾豊喜編著『小・中・高等学校　総合的な学習・探究の時間の指導』学術研究出版、2020 年　p.70

参考文献

○　文部科学省『学校教育法施行規則 (抄)』令

小学校
「総合的学習・地域伝統学習」

中学校
「環境学習・園芸作業」

「横断的・総合的な学習」とは、どのようなことか

　思考力、判断力、協働的な学習が求められる「知識基盤社会」の時代においては、教科書等の枠を超えた、横断的・総合的な学習がますます重要な役割を果たすといわれる。

　「横断的・総合的な学習」は、「総合的学習の時間」の特徴であり、1996(平成8)年、第15期中央教育審議会において、児童生徒に人間の資質や能力の全般にわたる調和的な力「生きる力」を付けるためには、学習対象や学習領域が特定の教科や科目等にとどまらずに，横断的，かつ総合的な学習でなければ身に付かないと提唱された。

　この時間における学習活動としては、国際理解、情報、環境のほか、ボランティア、自然体験などについての総合的な学習や課題学習、体験的な学習等が考えられる。その具体的な扱いについては、児童生徒たちの発達段階や学校段階、学校や地域の実態等に応じて、各学校の判断により、その創意工夫を生かして展開される必要がある。また、これらの学習活動は、年間にわたって継続的に行うことや、集中的に行った方が効果的な場合等も踏まえ、「横断的・総合的な学習」は弾力的な指導が求められている。

　これからの「知識基盤社会」では、基礎的・汎用的な学力が必要である。その最適な教育活動である「総合的学習の時間」は、これまで以上に各教科等との相互の関わりを意識しながら指導に当たることが必要である。

(中園大三郎)

コラム⑬

地域を題材に取り上げる場合の工夫（例）

．．．

学校が所在する地域を学習の題材にする上で、その地域の特性をよく理解する必要がある。

特に、高等学校の場合は、通学区域が広範囲に亘るので、事前に地域の特色や他校や関係諸機関との連携についても検討し、指導計画に反映させる必要がある。

なお、地域の災害をテーマとした実践が難しいようであれば、「バリアフリー」や「街のユニバーサルデザイン」について考えることを課題とすることもできる。また、学校周辺に範囲を狭めて、災害時の問題点（様々な災害に耐えうるか？どのような人が避難してくるだろうか？学校が避難所となった時にどのような問題点があるか？）ということを課題とすることも考えられる。さらに、地域での学習活動は、長期休業中などを利用して個人課題として課すことも可能である。ただし、完全に児童生徒に委ねるのではなく、課題の設定までは授業の中で取り扱う方が良いと考える。

地域を題材に取り上げる場合、「課題設定」が不十分であると、"ありきたりな提案"ばかりになってしまう可能性が考えられる。

（谷　昌之）

中学校「総合的学習・地域環境」

高等学校「総合的学習・グループ学習」

第11章

総合的学習の
学習指導案の作成

学習指導案の項目と作成のポイント

　学習指導案は、単元の目標を達成するために、授業で何をどのような順序や方法で指導し、どのように評価するかについて、一定の様式にまとめたものである。様式については特に定めはないが、授業者の意図が明確に伝わるようにするため、また各教科・科目等の特徴を踏まえた学習指導案とするため、様々な工夫がなされている。児童生徒の興味・関心から始まる学習活動の連続が、探究的な学習活動や探究活動となるよう単元を構想しなければならない。

　本節では、学習指導要領解説総合的な学習（探究）の時間編[1]が単元計画としての学習指導案で示した項目、また総合的な学習の時間の特徴を踏まえた項目、さらに各学校において一般的に取り上げられている項目を以下に記す。

① 単元名

　単元名は、総合的学習において、どのような学習が展開されるかを一言で端的に表現したものであり、児童生徒の学習の姿が具体的にイメージでき、学習の高まりや目的が示唆できるようにする。

② 単元目標

　単元の目標は、資質・能力の三つの柱に基づき、単元を通して学習者に育みたい力や態度を明示する。各学年の目標や内容を視野に入れ、中核となる学習活動を基に構成することが考えられる。表記方法は、一文や箇条書き等がある。

③ 地域・学校・児童生徒の実態

　単元を構想し、構成する際には、児童生徒の実態とともに、地域や学

校の実態を把握する必要がある。特に、総合的な学習の時間の学びにおいては、目標の実現にふさわしい探究課題、その解決を通して育成を目指す資質・能力について、どのような実態であるかを広く把握しておくことが大切である。また、中核となる学習活動について、学習者はどのような経験をもっているのかも明らかにする。

④　教材について

　教材とは、教育活動のねらいを達成するために、学習者の学習の動機付け、方向付け、支える学習の素材のことである。教材について記す場合は、教材の紹介にとどまらず、学習者と教材の出会いから学ぶべき学習事項について分析し、教材の価値の部分を具体的に記す。
　以上が、前述の解説に示された学習指導案の構成・内容であるが、各学校で作成されている学習指導案には、学校や、地域の実態により表記等で異なる場合もある。ここでは一般的なものを紹介する。

⑤　単元の指導計画（構想）

　その単元全体の指導計画であり、「目標」「育てようとする資質・能力及び態度」「学習課題から成る内容」「学習者が実際に行う学習活動」「必要とされる指導方法（指導助言）」「学習の評価」「指導体制」等について、学習指導案の構成上、必要な要素の基本的な内容や方針等を概括的に取り上げて示す。

⑥　本時の学習活動

　ここでは、本時の「目標」と「展開」として構成される。
　(1)　本時の目標では、本時の活動を見通し、学習者に育みたい資質・能力及び態度とのつながりも意識しながら設定する。
　(2)　本時の展開では、目標の具現化を図るための1単位時間の授業展開であり、学習者の「主な内容・活動」、教師の「指導助言」を基本に

「評価」「準備物」「他教科との関連」で構成する。作成上のポイント
は、「学習者がどのように反応するかを想定し、それに応じた展開を
想定しておくことである。また、主な発問の工夫や板書案、授業中
の評価の方法についての見通しが必要である」[2] ことが挙げられる。

7　本時の評価、成果と課題

　本時の評価については、本時の評価規準に基づいて、「十分満足でき
た」「満足できた」と二つを示し、満足できない学習者に対する指導の手
立てを文章で示すこともよい。また、本時の評価も含めた「成果と課題」
として文章で示す工夫もできる。

第2節

学習指導案

　以下に、中学校の総合的な学習の時間の指導計画と学習指導案を示
す。指導計画の 11 時間の一部は、内容や学校の実情に応じて道徳科や特
別活動の時間を充てることも考えられる。

1　**日時・場所**　○月○日（○）3・4限

　　　　　　　　　3 年A組教室　授業者　○○○○

2　**学年・学級**　第3学年A組（35名）

3　**単元名**　　　「職業や仕事について考え、話し合おう」

4　**単元目標**

　○　実社会で経験した職業体験学習を発展させ、生徒のキャリア形成
　　と道徳性の発達を目指す。（「知識及び技能」「学びに向かう力」「道
　　徳性」）

　○　探究的な見方・考え方や社会の形成者としての見方・考え方を働
　　かせ、職業観の醸成を図り、人間としての生き方を考える。（「思考
　　力、判断力」「学びに向かう力、人間性等」）

5　地域・学校・生徒の実態

　本校の通学区域は都市部の中心地にあり、生徒は 5 小学校から進学してくる。自己肯定感がやや低いことはこれまで指摘されてきた。また、職業・仕事について目にする機会は多くても、その実際をじっくり考えることは少ない。当該学年（3 年生）は、これまでキャリア教育の研究指定校として多彩な学習経験を有している。

6　教材（題材）について

　教材には、渡邉満監・松吉徹也ほか編（2007）『シティズンシップ教育・キャリア教育・環境教育 DVD 教材／指導書』東京書籍刊[3]を使用し、P 工場の冷蔵庫設計部門と研究部門が葛藤する映像を教材とする。この物語と映像はリアルであって、単元目標の具現化を図り、育成する資質・能力を育むには適切な内容と考えた。

7　指導計画の概要（全 11 時間）

次	探究の過程	主な学習活動（　）：時数	指導上の留意点	○評価観点・準備物△他教科
1	課題の設定	○ガイダンス（体育館、教室）・予定の確認・課題の確認　　（1）	・学習活動の計画を理解できるようにする。・予定及び課題の確認を促す。	○ 1、2、3・ワークシート△社会科、特別活動
2	情報の収集	○体験を通した課題発見・職業体験での新たな気付きを確認する。・職業体験を通して職種と社会との関係について話し合い、情報を収集する。　（1）	・体験で得た生徒の発見を表明する。・各職業の社会的役割について確認し、社会の循環を考えられるようにする。・情報の共有を促す。	○ 1、2、3・職業体験記録ノート、ワークシート、パソコン△社会科、特別活動

3	整理・分析	○情報を整理・分析する。　　　　　　(2)	・高度成長期とその後から現在までを時系列で、社会の変容と構造を理解できるようにする。 ・グループ内でデータ収集を整理することを促す。	○1、2、3 ・パソコン、資料 △数学、社会科、特別活動
4	まとめ・表現	○ポスターの作成 ・グループで資料から見えてくる職業と生活についてまとめる。　　　　　　(5)	・集めたデータ資料を比較したり、経過を観察したり、視点を変えながら思考できるようにする。 ・他者と協力して作業を進めることができるようにする。	○1、2、3 ・模造紙、ペン等 △数学、社会科、美術、特別活動
5 (本時)	振り返り	○DVD教材を用いて討議する。　　(1) ○学習活動を振り返る。　　　　　(1)	・利潤と品質との葛藤について、グループで話し合い、発表できるようにする。 ・学習を振り返り、成果と課題を知り、進路に活かすことができるようにする。	○1、2、3 ・ワークシート、キャリアパスポート △社会科、道徳科、特別活動

上表の評価観点　1.知識及び理解、2.思考力、判断力、表現力等、3.主体的に学習に取り組む態度

8　本時の学習活動 (10/11 ～ 11/11)

(1)　目標

　　○　葛藤場面の映像を見て、グループ活動としてオープンエンドの話合いを行う。自己の意見と他者やグループでの意見の違いを知り、知識、思考力、判断力などの資質・能力を身に付けられるようにする。

　　○　学級全体の多角的な見方・考え方を知り、これまでの生き方の価値や職業観の認識を捉え直す機会とし、学びに向かう力、人間

性等の資質・能力を身に付けられるようにする。

(2)　展開（100分）

段階	主な学習活動	指導上の留意点	○評価観点 ・準備物 △他教科等
導入 10分	1.　前回の授業を振り返る。 2.　本時の内容について説明を聴く。	○市場経済の採算性、雇用の変容等について振り返らせる。 ○環境問題、職業・仕事の視点から、DVDを視聴し、葛藤場面に焦点をおいて話合うことをつかませる。	○1. 3 ・ICT機器 △社会科、道徳科
展開 80分	3.　DVD「会社って環境にやさしいことしてる？」を視聴し、全体像をつかむ。 4.　DVD「やめる？やめない？仲間と苦労の日々」を視聴し、新断熱材の値段と性能との葛藤場面について、グループで話し合う。 5.　グループの話合いを画用紙にまとめて学級全体で発表する。	○DVDを視聴し、どこに葛藤があるかグループで話し合って認識できるようにする。 ○発表を聴きながらワークシートに記録し整理させる。 ○利潤追求の経営部門と地球環境問題や未来の生活に対応した製品開発する研究部門の葛藤について、ワークシートに自分の考えを書き、話し合うことを促す。 ○発表を通して、多角的な見方・考え方や職業観などを理解させ、意見交換ができるように助言する。 ○他のグループの発表を聴き、自己の意見が変化した場合は記録を取らせ、学びの実感や思考の過程がわかるようにさせる。	○1. 2. 3 ・DVD教材、ワークシート、画用紙 △国語、社会科、特別活動、道徳科

まとめ 10分	6. 学習活動を振り返り、本時の学習をまとめる。	○感想と自己評価をワークシートに記載し、ポートフォリオに綴って整理させる。	○2. 3 ・ポートフォリオ（自己評価シート）、ワークシート

上表の評価観点　1.知識及び理解、2.思考力、判断力、表現力等、3.主体的に学習に取り組む態度

引用文献

1)　文部科学省『小学校学習指導要領（平成29年告示）解説 総合的な学習の時間編』東洋館出版社　平成30年　pp104-105

　　文部科学省『中学校学習指導要領（平成29年告示）解説 総合的な学習の時間編』東山書房　平成30年　pp99-100

　　文部科学省『高等学校学習指導要領（平成30年告示）解説 総合的な探究の時間編』学校図書　平成31年　pp114-115

2)　平塚益徳・澤田慶輔・吉田昇編『教育事典』小学館　1968年　p163

3)　中尾豊喜「あなたは、何を求めて仕事につきますか？」、渡邉満監・松吉徹也・中尾豊喜・角野綾子編『シティズンシップ教育・キャリア教育・環境教育』東京書籍　2007年　pp42-43（一部改編）

発達段階を見通した総合的な学習・探究の時間で目指す資質・能力

校　種	小学校（高学年）	中学校	高等学校
段　階	地域について考え・伝える。	地域とともに未来を描く。	地域と積極的に関わる。
視　点	資質・能力が身に付いた児童生徒の姿		
生きて働く「知識及び理解」の習得 — 知識・技能	・地域で暮らす人々やその土地のよさが分かる。 ・情報を比較・分類・関連付けるなどの技能を身に付けている。	・地域と社会との関わりが分かる。 ・情報を比較・分類・関連付け、多面的に見る技能を身に付けている。	・地域と自分の関わりが分かる。 ・情報を比較・分類・関連付け、構造化するなどの技能を身に付けている。
未知の状況にも対応できる「思考力、判断力、表現力等」の育成 — 課題の設定	・地域との思いを踏まえて課題を設定し、解決方法や手順を考え、見通しをもって追究している。	・地域と社会との関わりを考えて課題を設定し、仮説を立てて検証方法を考え、追究している。	・地域の未来に向けた課題を設定し、立てた仮説に適合した検証方法を明示して追究している。
未知の状況にも対応できる「思考力、判断力、表現力等」の育成 — 情報の収集	・自分なりの手段を選択し、情報を収集している。	・目的に応じて手段を選択し、情報を収集している。	・目的に応じて臨機応変に適切な手段を選択し、情報を収集している。
未知の状況にも対応できる「思考力、判断力、表現力等」の育成 — 整理・分析	・問題状況における事実や関係を、整理した情報を関連付けて理解し、多様な情報の中にある特徴を見付けている。	・複雑な問題状況における事実や関係を、事象を比較したり因果関係を推論したりして理解し、多様な情報を分析している。	・複雑な問題状況における事実や関係を、事象を比較したり因果関係を推論して自分の考えを形成し、多様な情報から帰納的・演繹的に考えている。
未知の状況にも対応できる「思考力、判断力、表現力等」の育成 — まとめ・表現	・相手や目的、意図に応じて分かりやすくまとめ、表現している。	・相手や目的、意図に応じて論理的に表現している。	・相手や目的、意図に応じて根拠を示して論理的に表現している。
未知の状況にも対応できる「思考力、判断力、表現力等」の育成 — 振り返り	・学習の仕方を振り返り、学習や生活に生かそうとしている。	・学習の仕方や進め方を振り返り、学習や生活に生かそうとしている。	・学習の仕方や進め方を内省し、現在および将来の学習や生活に生かそうとしている。
学びを人生や社会に生かそうとする「学びに向かう力、人間性等」の涵養 — 主体性	・課題の解決に向けて、探究活動に進んで取り組もうとしている。	・課題に誠実に向き合い、解決に向けて探究活動に進んで取り組もうとしている。	・課題に真摯に向き合い、より適切な解決に向けて探究活動に進んで取り組もうとしている。
学びを人生や社会に生かそうとする「学びに向かう力、人間性等」の涵養 — 他者理解	・異なる意見や他者の考えを受け入れながら、探究活動に取り組もうとしている。	・異なる意見や他者の考えを受け入れながら、探究活動に向き合い、互いを理解しようとしている。	・異なる意見や他者の考えを受け入れながら、探究活動に向き合い、互いを尊重し理解しようとしている。
学びを人生や社会に生かそうとする「学びに向かう力、人間性等」の涵養	「自己理解、内面化、協働性、他者理解等」…省略		
学びを人生や社会に生かそうとする「学びに向かう力、人間性等」の涵養 — 地域貢献	・自分と地域とのつながりに気付き、地域の活動に参加しようとしている。	・自分と地域との関りを考えながら、進んで地域の活動に参加しようとしている。	・自分と地域とのあり方を考えながら、よりよい社会の実現に向けて地域の活動に参加しようとしている。

参考文献

佐伯市教育委員会『13年間を見通した幼児教育・生活科・総合的な学習の時間における育成を目指す資質・能力系統表』　日本生活科・総合的学習教育学会誌『せいかつ＆そうごう』第26号　2019年　p25

（中園大三郎）

総合的な学習・探究の時間に有効な「ポートフォリオ評価」

ポートフォリオ（Portfolio）は、書類を入れて持ち運ぶ携帯用ケースを表した言葉である。その書類には、自分の技術や技能、過去に経験した仕事の内容などが記載されており、それを見ればその人の経歴や業績等が一目で分かるようになっている。

1980年代、アメリカでは、ポートフォリオの利点を標準テストに代わる新しい評価法として、その活用が広まった。その後、わが国の学校においても導入されるようになった。

ポートフォリオを教育活動で用いる場合について、寺西和子（愛知大学教授）は、次の二つの働きが考えられると説明している。

1. 評価や情報や称賛のために使われる子どもの作品や仕事の例を収集したもの

2. 子どもの作品に焦点付けた学びや、振り返り（自己評価）についての記録

ポートフォリオを用いた評価では、児童生徒が作成した作文、レポート、作品や、テスト結果、写真等をファイルに入れて保存したものを活用すると、児童生徒を多面的に把握した評価と成り得る。したがって、一人一人に基づいた「パフォーマンス（功績・成果）」をとらえた評価方法として注目され、今日では、各学校において広く採用されるようになっている。

ポートフォリオ評価は、児童生徒一人一人の学びの軌跡を捉え、児童生徒を全体として育てていく「総合的な学習・探究の時間」の評価においては特に有効である。さらには、保護者に対しても、教師がポートフォリオに蓄積している学習の成果物を示して説明すると、保護者の理解にも役立つ評価になる。

(中園大三郎)

第12章

総合的学習の学習指導

第1節

学習指導の基本的な考え方

　小・中・高等学校における総合的な学習・探究の時間の学習指導の基本的な考え方について、学習指導要領解説には次の三点にわたって明記されている。以下、その概要を示す。

○　**児童生徒の主体性の重視**

　　本来、児童生徒は、知的好奇心に富み、自ら課題を見付け、学ぶ意欲をもった存在である。さらに、未知の世界を切り拓く可能性を秘めた存在でもある。こうした力を引き出し、支え、伸ばしていく指導を進めることは欠かせない。「主体性の重視」とは、肯定的な児童生徒観に立ち、潜在的な能力が発揮されるような学習指導を行うことである。

○　**適切な指導の在り方**

　　探究課題を広げ深め、資質・能力を育成していくためには、適切な教材選定や探究的な学習として展開するための教師の指導性の発揮が重要となる。それ故、教師自身が、考えや期待する学習の方向性などのイメージを明確にもち、児童生徒の望ましい変容の姿を想定することが求められる。このような、教師の指導性と児童生徒の自発性・能動性のバランスを保ち、それぞれを適切に位置付ける指導が「適切な指導の在り方」である。

○　**具体的で発展的な教材**

　　質の高い探究的な学習活動が展開されるためには、動機付ける、方向付ける、支える等の適切な教材（学習材）が必要である。その教材の特徴には、次の三点が求められる。

　　一つには、身近にあり、直接体験をしたり、繰り返し働きかけたりすることができ、間接的な体験による二次情報でない「具体的な教材」である。

　二つには、一つの対象から学習活動が次々と豊かに広がり、「発展していく教材」である。例えば、実際の生活にある問題や事象などは、効果的である。

　三つには、実社会や実生活について「多面的・多角的に考えることができる教材」である。但し、身近な事象や現代社会の課題等について、特定の立場や見方に偏った取扱いがなされているような教材は、適切ではない。

第2節

総合的学習における「主体的・対話的で深い学び」

「主体的な学び」、「対話的な学び」、「深い学び」は、一体として実現されるものであり、相互に影響し合うものである。その実現へ向けた要点を学習指導要領解説を参考にし、以下に記す。

① 「主体的な学び」の視点

「主体的な学び」とは、学習中、積極的に取り組むだけでなく、学習後、自らの学びの成果や過程を振り返り、次の学習に向け、主体的に取り組む態度を育成する学びのことである。学習過程においては、「課題設定」と「振り返り」が重要となる。

「課題設定」の段階では、「自分の事」として課題を設定し、主体的に追究していくため、実社会や実生活の問題を取り上げていくことが考えられる。

一方、「振り返り」の段階では、自らの学びを意味付けたり、価値付けたりしながら、自覚するとともに、他者と共有していくことができる。なお、必ずしも単元の最後に行うものではなく、途中で行っても意義はある。

②　「対話的な学び」の視点

　「対話的な学び」とは、他者との協働や外界との相互作用を通して、自らの考えを広げ深めるような学びのことである。そして、「異なる多様な他者と対話する」ことには、三つの価値が考えられる。

　　①　他者へ説明することとは、身に付けた知識や技能を駆使することである。説明過程で、つながりがあり構造化された情報へと変容することができる。

　　②　他者から多様な情報が供給されることで、質的に構造化を高めることができる。

　　③　他者とともに、新たな知を創造する場を構築することと、課題解決へ向けて行動化することへの期待などである。

　このような「対話的な学び」は、協働的な学習の結果を出すことを目的とするものではなく、一人一人の資質・能力の育成を図るものであり、自己との対話や文献の中の先人との対話、ICT 機器等を使った離れた場所にいる他者との対話等、様々な対話の姿が考えられる。

③　「深い学び」の視点

　「深い学び」では、「①課題の設定、②情報の収集、③整理・分析、④まとめ・表現」の探究的な学習の過程を一層重視し、質的向上を目指すことが求められている。繰り返し「学習の過程」を辿り、身に付けた資質・能力を活用・発揮することで、「知識及び技能」は概念化し、「思考力、判断力、表現力等」は汎用的なものとなっていく。

　そして、学びを人生や社会に生かそうとする「学びに向かう力、人間性等」の涵養につながっていくのである。

第３節

総合的学習の指導ポイント

　新学習指導要領では、「探究的な見方・考え方」を働かせ、小・中学校においては「よりよく課題を解決し、自己の生き方を考えていくこと」、高等学校においては「自己の在り方生き方を考えながら、よりよく課題を解決していくこと」の「資質・能力」育成を目指している。

　この「探究的な見方・考え方」とは、各教科等における見方・考え方を総括して活用を図りながら、広範な事物・現象を多面的多角的に俯瞰して捉え、実社会・実生活の課題を探究し、自己の生き方を問い続けることである。

　本節においては、学習指導要領解説の内容を参考にして、以下具体的な指導のポイントを記す。

１　学習過程を探究的にすること

　探究的な学習をするためには、前節の「深い学び」の視点から、学習プロセスが次のようになることが重要である。まず、体験活動などを通して、課題を設定し課題意識をもつ「①課題の設定」である。次に、必要な情報を取り出したり収集したりする「②情報の収集」である。そして、収集した情報を、整理したり分析したりして思考する「③整理・分析」である。最後に、気付きや発見、自己の考えなどをまとめ、判断し、表現する「④まとめ・表現」である。

　この探究の学習プロセスにおいては、順番が前後したり、複数のプロセスが同時に行われたりすることもあり得る。しかし、このような活動を繰り返していくことで、探究的な学習の実現につながり、学びの質が高まっていく。

　次図は探究的な学習過程における児童生徒の姿を示す。

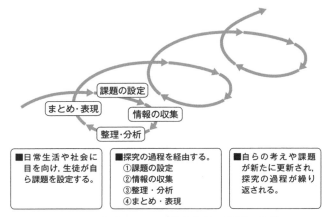

図12-1　探究における児童生徒の学習の姿[1]

（1）　**課題の設定**

　　総合的学習では、児童生徒が実社会や実生活に向き合い、自ら課題意識をもち、その意識が連続発展することが欠かせない。しかし、自ら課題をもつことが大切だからといって、教師が何もしないでじっと待つのではなく、意図的な働きかけをすることは重要である。意図的な働きかけとは、高度な配慮が必要であり、これを間違えれば安易な活動と化してしまう危険性を秘めている。

　　学習対象とどう出合わせ、どのように関わっていくかと工夫を凝らしたり、児童生徒の発達段階や興味・関心の実態を、十分に把握したりしておかなければならない。そして、これまでの考えとの「ずれ」や「隔たり」を感じさせたり、対象への「憧れ」や「可能性」を抱かせたりする手だても必要となる。まさに、教師として探究的な見方・考え方を働かせるべき時であり、児童生徒の学習プロセスにおける教師の役割は非常に大きい。

（2）　**情報の収集**

　　課題意識や設定した課題を基に、児童生徒は、観察、実験、見学、調査、探索、追体験などを行う。こうした活動により、課題の解決

に必要な情報を収集する。情報を収集する活動では、自覚的に行っている場合と無自覚的に行っている場合とがある。目的を明確にして、調査したりインタビューしたりするような活動は、自覚的に情報を収集していることになる。一方、体験活動に没頭したり、繰り返したりしている時には、無自覚のうちに情報を収集していることが多い。そうした自覚的な場と無自覚的な場とは常に混在している。しかし、情報を収集することにおいても、体験活動は重要である。

　実際に情報収集を行う際の留意点として、一つは、情報は多様であるので、学習活動によって収集したい種類の情報を意識しておくこと。二つは、どのような情報を、どんな方法で、いかにして蓄積するかなど、課題解決のための情報収集を自覚的に行うこと。三つは、数値化・言語化した情報は、データとして残せるが、感覚的な情報は、時間の経過とともに薄れていくので、収集した情報を適切な方法で蓄積することである。

(3)　**整理・分析**

　収集した情報は、それ自体はつながりのない個別なものである。それらを種類ごとに分けるなどして整理したり、細分化して因果関係を導き出したりするなどして分析する。それが思考することであり、そうした学習活動を位置付けることが重要である。

　その際、次の点に配慮しなければならない。一つは、様々な情報を全て信じるのではなく、整理する段階で、吟味する必要性を感じ取ることである。

　二つは、数値化であればグラフ、言語化であればカード化・時系列化・マップ化など、どのような方法で情報の整理を行うかである。

　情報の整理・分析は、それぞれを比較して考える、同類を分類して考える、ある条件で序列化して考える、類推して考える、関連付けて考える、原因や結果に着目して考えるなど、「考えるための技法」を意識することがポイントとなる。そこで、操作化・可視化で

きる「思考ツール」を活用したい。

(4)　まとめ・表現

　　情報の整理・分析を行った後、それを他者に伝えたり、自分自身で考えたことをまとめたりする学習活動を行う。そうすることで、それぞれの児童生徒の既存の経験や知識と、学習活動により整理・分析された情報とがつながり、一人一人の児童生徒の考え方が明らかになったり、課題がより一層鮮明になったり、新たな課題が生まれたりしてくる。

　　この時、注意したい点として、二つの点が挙げられる。一つは、誰に伝え、何のためにまとめるかで、表現方法が異なってくるので、相手意識や目的意識を明確にすることである。二つは、まとめたり表現したりすることは、情報を再構成し、新たな課題を見付けることにつながる。これらの二点は、伝えるための様々な手法（文章表現、図表やグラフ、絵、音楽など）を身に付け、目的に応じて取捨選択もできる。

② 　他者と協働して主体的に取り組む学習活動にすること

　主体的に学ぶ、協働的に学ぶことの意義を説くため、中央教育審議会が答申した「幼稚園、小学校、中学校、高等学校及び特別支援学校の学習指導要領等の改善及び必要な方策等について」（平成28年12月21日）では、「人工知能にない人間の強み」に触れ、以下の内容を示している。

　総合的学習は、その目標で示すように、特に異なる多様な他者と協働して主体的に課題を解決しようとする学習活動を重視している。そのため、学年や学級集団、グループ等で、友達や地域の人たちと協働的に学ぶことの意義について、次の三点を基盤としている。

　　○　「多様な情報の収集に触れること」として、同じ課題を追究する
　　　　学習活動を行っていても、収集する情報は協働的な学習の方が多
　　　　様であり、その量も多い。

○　「異なる視点から検討ができること」として、整理したり分析したりする際に、異なる視点や異なる考え方がある方が、深まりが出てくる。

○　「地域の人と交流し、友達と一緒に学習することが、相手意識を生み出したり、学習活動のパートナーとして仲間意識を生み出したりする」として、ともに学ぶことが、個人の学習の質を高め、同時に集団の学習の質も高めていく。

(1)　**多様な情報を活用して協働的に学ぶ**

　体験学習では、それぞれの児童生徒が様々な体験を行い、多様な情報を手に入れる。それらを出し合い、情報を交換しながら学習集団としての学級全体で考えたり、話し合ったりして、課題が明確になっていく場面が考えられる。学級という集団での協働的な学習を有効に機能させ、多様な情報を適切に活用することで、探究的な学習の質を高めることが可能である。

　例えば、町探検をしたとして、互いに発見したことを出し合い、共通点や相違点に気付いたり、互いの発見の関連性を見付けたりして、学習の目的や課題を明確にしていくことができる。

(2)　**異なる視点から考え協働的に学ぶ**

　物事の決断や判断を迫られるような話合いや意見交換を行うことは、収集した情報を比較、分類したり、関連付けたりして考えることにつながる。その場面で、異なる視点からの意見交換が行われることで、互いの考えは深まる。

　このように異なる視点を出し合い、検討していくことで、事象に対する認識が深まり、学習活動をさらに探究的な学習へと高めていくことが考えられる。それゆえ、異なる個性、興味・関心をもっている児童生徒同士が学ぶことに大きな意義がある。こうした学習を通して、互いのよさや可能性を尊重し合う態度の育成にもつながっていく。

(3)　**力を合わせたり交流したりして協働的に学ぶ**

　　一人でできないことでも、集団なら実現できることも多く、また、児童生徒間で解決できないことは、地域の人や専門家、大学生などからの助言や支援を受けたり、激励を得たりして達成できるかもしれない。

　　例えば、地域のよさを学び、そのよさを特産品として開発する学習活動を考えてみる。一人では困難かもしれないが、仲間がいることで、特徴を分かり易く伝えたり、真剣に取り組んだりするようになる。

　　こうして、力を合わせて取り組むことの大切さや地域社会に関わる喜びなどを、実感していく。

(4)　**主体的かつ協働的に学ぶ**

　　協働的に取り組む学習活動においては、「なぜ、その課題を追究してきたのか（目的）」、「これを追究して何を明らかにしようとしているのか（内容）」、「どのような方法で追究すべきなのか（方法）」など、繰り返し問われ続けてきた。このことは、探究的な学習を継続・発展させるとともに、一人一人の思考を深化充実し、自らの学習に対する確かな自信と自らの考えに対する確信を抱かせることにつながる。また、児童生徒が現実の社会に出た時、直面する問題は、一人の力だけでは解決できないので、よりよく解決するため、自分が積極的に取り組もうとすれば他者との協働により解決への道が拓かれるからである。

　　本章の冒頭でも述べたように、協働的な学習を基盤とする総合的学習は、小・中学校においては「一人一人がよりよく課題を解決し、自己の生き方を考えていくこと」、高等学校においては「自己の在り方生き方を考えながら、よりよく課題を解決していくこと」の「資質・能力」育成を図ることである。

　　ただ、「協働性に学ぶ」ということは、各々の「個性を生かす」ということでもあるため、両方をバランスよく見極め、取り組ませていきたい。

　なお、従来の「協同的」を平成29年3月告示の改訂で「協働的」と改めた趣旨は、意図するところは同じであるが、上述のような異なる個性をもつ者同士で問題の解決に向かうことの意義を強調するためである。

引用文献

1)　文部科学省『高等学校学習指導要領（平成30年告示）解説　総合的な探究の時間編』学校図書　平成30年　p11

参考文献

○　文部科学省『小学校学習指導要領（平成29年告示）解説　総合的な学習の時間編』東洋館出版社　平成30年

○　文部科学省『中学校学習指導要領（平成29年告示）解説　総合的な学習の時間編』東山書房　平成30年

○　文部科学省『高等学校学習指導要領（平成30年告示）解説　総合的な探究の時間編』学校図書　平成31年

○　中央教育審議会第197号答申『幼稚園、小学校、中学校、高等学校及び特別支援学校の学習指導要領等の改善及び必要な方策等について』（平成28年12月21日）

中学校
「総合的学習・町づくりについて」

コラム⑯

「総合的な学習の時間」と「総合的な探究の時間」について

　今回の学習指導要領改訂で、高校だけが「総合的な"探究"の時間」と名称変更された。中学校までと高校の総合的学習の第1の目標を比較したものが下図である。中学校までが課題解決を通して自己の生き方を考えていくのに対し、高校では自己の在り方生き方と一体的で不可分な課題を見いだし、自己のキャリア形成の方向性と関連付けながら探究することのできる力を育成することが求められている。

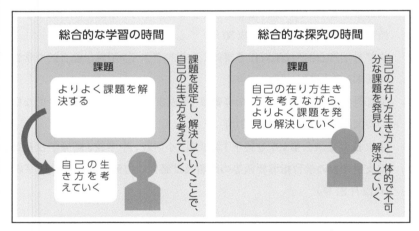

中学校と高校の総合的学習の第1の目標の違い[1]

引用文献

1)　文部科学省『高等学校学習指導要領（平成30年告示）解説　総合的な探究の時間編』学校図書　平成31年　p9

（谷　昌之）

第13章

総合的学習の指導の充実

　本章では、総合的学習を充実させるために留意すべき点について、各学習指導要領解説 [1] が示す内容を整理し、要点を記す。

他の教育活動との関連

　学習指導要領では、総合的学習と他の教育活動との関連を次のように記述している。

・ 他教科等及び総合的学習で身に付けた資質・能力を相互に関連付け、学習や生活において生かし、それらが総合的に働くようにすること。
　その際、言語能力、情報活用能力など全ての学習の基盤となる資質・能力を重視すること。
・ 他教科等の目標及び内容との違いに留意しつつ適切な学習活動を行うこと。

　総合的学習において、各教科等で身に付けた資質・能力が存分に活用・発揮されることで、学習活動は深まっていく。そのためにも、教員は各教科等で身に付ける資質・能力について十分に把握し、総合的学習との関連を図るようにすることが必要である。

　一方で、総合的学習で身に付けた資質・能力を各教科等で生かしていくことも大切である。総合的学習の成果が、各教科等の学習を動機付けたり推進したりすることも考えられる。

　これらを実現するためには学校の教育活動全体で教科横断的に資質・能力を育成していくカリキュラム・マネジメントが必要となる。そのための工夫として、年間指導計画の単元配列表を各教科等との関連を明示した書式にするなどが挙げられる。単元名や学習活動だけでなく、育成を目指す資質・能力が示されたり、関連する記載事項を線で結んだりすることで、各教科等との関連を 1 年間の流れの中で見通すことができる

ようになる（図 13-1）。

年間指導計画（第 4 学年）

	4月　　5月	6月　　7月	9月　　10月
総合的な学習の時間 (70)	大好きみどり川　―出発！みどり川探検隊―（28） ○川と繰り返し関わり、川への思いを深める。 ○活動で発見した気付き、思いを書きためる。 ○みどり川を愛する会の方と活動をともにして、みどり川への思いを知る。		大好きみどり川　―とことん探究！―みどり川 ○自分が興味をもったことについて探究し、川に ○探検や調査活動を通して感じたこと、考えたこ
国語 (245)	本と出会う、友だちと出会う ｜ 段落のつながりに気をつけて読む ｜ 詩	伝えたいことをはっきりさせて書こう ｜ 本と友だちになろう 本のさがし方	調べて発見しよう ｜ 詩② ｜ 場面を比べて読もう ｜ 材料
社会 (90)	住みよいくらしをつくる 地図の見方 ごみのしまつと利用	水はどこから	山ろくに広がる用水 ｜ のこしたいもの つたえたいもの
算数 (175)	大きな数 ｜ 円と球 ｜ わり算	1けたでわるわり算 ｜ 資料の整理 ｜ 角	三角形 ｜ 2けたでわるわり算
理科 (105)	あたたかくなると ｜ 電気のはたらき	暑くなると ｜ 夏の星 月の動き ｜ 私の研究	私の研究 ｜ もののかさと力 夏の動き ｜ すずしくなると
音楽 (60)	歌と楽器のひびきを合わせよう	日本の音楽に親しもう ・花笠音頭　神田ばやし ・こきりこぶし	いろんな音のちがいをかんじとろう みどり川の音を作ろう
図工 (60)	たしかめながら ｜ ざいりょう物語	きらきら光る絵 ｜ 絵の具のふしぎ	石ころアート ｜ みどり川の生き物 ｜ わすれられない日

図 13-1　総合的学習と各教科などの単元を関連付けた年間指導計画の例（小学校）

第 2 節

体験活動の重視

　体験活動は、実社会・実生活の事物や現象に自ら働きかけ、実感をもって関わっていく活動である。総合的学習では、自然体験やボランティア活動、職場体験や就労体験などの社会体験、ものづくり、生産活動などの体験活動、観察・実験、見学や調査、発表や討論などの学習活動を積極的に取り入れることが求められている。

　しかし、ただ単に体験活動を行えばよいわけではなく、探究的な学習の過程に適切に位置付けることが重要である。例えば、設定した探究課題に迫り、課題の解決につながるものであるか、予想を立てた上で検証するものであるか、体験活動を通して実感的に理解した上で課題を再設

定できるものなのかなど、探究課題の解決に向かう学習の過程に適切に位置付けているかという点に留意したい。

　また体験活動の内容が、児童生徒が主体的に取り組むことができるか、発達段階に合っているか、興味・関心に応じたものであるかという点も意識する必要がある。児童生徒にとって過度に難しかったり、明確な目的がもてなかったりする体験活動では十分な成果を得ることができない。

　体験活動を実施する際は、次のような点に配慮する必要がある。

・年間を見通した適切な時数の範囲で行われているか。
　→何のための体験活動なのかを明らかにし、その目的のために必要な時数を確保することが大切である。
・児童生徒の安全に対して、十分に配慮した体験活動であるか。
　→屋外で行ったり、機材などを使ったりするダイナミックな活動であることも多い。事前の準備や人的な手配などを丁寧に行い、十分な安全確保を行い、体験活動の魅力を存分に引き出すようにする必要がある。

第3節

環境の整備

① 学習空間の確保

　探究的な学習の過程で、学級（ホームルーム）だけでなく、学年内、異学年間での学習活動が展開されることがある。活動内容も多岐にわたるため、教室以外でも学習活動を行うスペースが確保されていることが望ましい。例えばミーティングテーブルや移動黒板を配置した多目的スペースなどが考えられる。

　これらの学習スペースには、総合的学習の学習活動の流れ図や活動の記録写真、児童生徒の作品を展示し、学習への関心や意欲を高めるようにする。

2 学校図書館の整備

　学習の中で疑問が生じたときに、必要な情報を収集し活用できる環境を整えておくことは、探究活動に主体的に取り組んだり、学習意欲を高めたりする上で重要である。そのために、学校図書館には次の3つの機能が期待されている。

　○「読書センター」
　　　児童生徒の想像力を培い、学習に対する興味・関心等を呼び起こし、豊かな心や人間性、教養、創造力等を育む自由な読書活動や読書指導を行う。

　○「学習センター」
　　　児童生徒の自発的・主体的・協働的な学習活動を支援したり、授業の内容を豊かにしてその理解を深めたりする。

　○「情報センター」
　　　児童生徒や教職員の情報ニーズに対応したり、児童生徒の情報の収集・選択・活用能力を育成したりする機能を中核的に担う。

　学校図書館には、児童生徒の探究課題に対応できるように、関係図書を豊富に整備する必要がある。しかし、蔵書数には限りがあるため、学術情報等のデータベースへアクセスすることや外部の公立図書館との連携（児童生徒の活動を共有し、書籍の充実や団体貸し出しなどを実施）することも大切である。

　また、図書館担当は、学校図書館の物的環境の整備を担うだけでなく、児童生徒の相談に乗ったり必要な情報提供をしたりするなど、児童生徒の学習を支援する上での重要な役割が期待される。

3 情報環境の整備

　学習の中で、情報検索や情報活用、情報発信を積極的に行うためにも、タブレット型端末を含むコンピュータをはじめとする情報機器を有効に活用する必要がある。そのためにも、コンピュータ室だけでなく、校内

の様々な場所にインターネットへの接続環境を整えておくことで、必要な時にすぐに使用することができる。その他、以下のような物も整備したい。

○　記録を残す　　　デジタルカメラ・デジタルビデオカメラ・IC レコーダー
○　情報を編集する　音声や画像の編集ソフト・プレゼンテーションソフト
○　発表・表現する　プロジェクター・画面配信や意見集約ができるソフト

　様々な情報に接し、自らも生み出し、共有していくことが求められる社会の中で、情報セキュリティの確立や、情報モラルを含めた情報活用能力を身に付けていくことが必要である。

第4節

外部との連携

1　外部との連携の必要性

　総合的学習では、地域の素材や地域の学習環境を積極的に活用し、実社会や実生活の事象や現代社会の課題を取り上げ、多様で幅広い学習活動が行われることが期待されている。そのために教員以外の専門スタッフも参画した「チームとしての学校」の実現を通じて、複雑化・多様化した課題の解決に取り組んだり、時間的・精神的な余裕を確保したりしていくことなどが重要である。そのためにも、次のような外部人材等の協力が欠かせない。

> ○　保護者や地域の人々
> ○　専門家をはじめとした外部の人々
> ○　地域学校協働活動推進員等のコーディネーター
> ○　社会教育施設や社会教育関係団体等の関係者
> ○　社会教育主事をはじめとした教育委員会、首長部局等の行政関係者
> ○　企業や特定非営利活動法人等の関係者
> ○　他の学校や幼稚園等の関係者等

　特に、地域との連携に当たっては、よりよい社会を作るという目的の下、コミュニティ・スクールの枠組みの積極的活用や、地域学校協働本部との連携を図ることなどにより地域社会とともにある学校を実現することが期待されている。

　また、継続的な外部連携を実現して学校と地域との互恵性を生み、「次世代の学校・地域」を創生することにつながる事例として、次のような取組がある。

> ○　町づくりや地域活性化につながった活動や取組
> ○　児童生徒が地域の伝統や文化を守り、受け継いだ活動や取組
> ○　地域の商店街の再生につながった活動や取組
> ○　災害に備えた安全な町づくりや防災に関わった活動や取組　等

②　外部連携のための留意点

　校長や副校長、教頭、総合的学習コーディネーター等の担当者が中心となり、外部の方々と連絡・調整の機会を設定することが考えられる。外部の教育資源を有効に活用するためには、校内に外部連携を効率的・継続的に行うためのシステムを構築しておくことが必要となる。

　その例として、日常的な関わりを継続していくための「担当者や組織の設置」、これまでのノウハウを蓄積した「教育資源のリストの構築」、授業のねらいを明確にした「適切な打合せの実施」、協力者にも成果を実感してもらうための「学習成果の発信」などが大切である。

引用・参考文献

1) 文部科学省『小学校学習指導要領（平成29年告示）解説 総合的な学習の時間編』東洋館出版社　平成30年　pp39-42　pp54-57　pp96-97

　文部科学省『中学校学習指導要領（平成29年告示）解説 総合的な学習の時間編』東山書房　平成30年　pp39-42　pp53-55　pp92-94　pp137-142

　文部科学省『高等学校学習指導要領（平成30年告示）解説 総合的な探究の時間編』学校図書　平成31年　pp41-44　pp54-57　pp107-108

コラム⑰

総合的学習における　「プログラミング教育」

　AIの発達が社会の仕組みを大きく変え、これまでと違う「未来に生きる資質・能力」が求められている。それが、プログラミング的な思考力（論理的思考力、等）であり、プログラミング体験や思考を積み重ねながら身に付ける。

　ロボットやドローンを動かしたり、プログラミング言語を活用したりする活動が主目的ではなく、「論理的思考力を育み、プログラムのよさ、情報社会がコンピュータ等の情報技術に支えられていることに気付き、身近な問題の解決に主体的に取り組む態度やコンピュータを上手く活用してよりよい社会を築こうとする態度等を育む」ことをねらいとしている。それゆえ、総合的学習における「課題の設定」「情報の収集」「整理・分析」「まとめ・表現」という探究的な学習の過程を通した学びは、非常に重要な体験である。

　プログラミング教育は各教科の指導の中で行うが、このような理由から総合的学習の課題として取り上げていくことは有意義である。

（濱川昌人）

214

第14章

総合的学習の指導事例
（小・中・高等学校）

　本章では、今回の学習指導要領改訂において「目標を実現するにふさわしい探究課題」及び「探究課題の解決を通して育成を目指す具体的な資質・能力」を各学校が定めることを踏まえ、執筆者が関わった指導事例を紹介する。なお、次に紹介する指導事例の学習過程・探究過程の内容は、主に「探究的な学習における児童生徒の学習の姿」の要因である「課題の設定」「情報の収集」「整理・分析」「まとめ・表現」に各教科等の特質である内容（例：調理実習、製作等）で構成している。これらの内容は、主に「思考力、判断力、表現力」に対応しており、この学習過程・探究過程の学びを通して、「知識及び技能」や「学びに向かう力、人間性等」の資質・能力を育成することになる。

　以下の指導事例に挙げている学習指導案の書式・内容・項目等については、特に定めは無いので、本書では、新学習指導要領の趣旨や「総合的な学習・探究の時間」の特質、小・中・高等学校の特色、各学校の実態、授業者の意図等を踏まえた執筆にしている。また、指導事例の項目にある「育てたい資質・能力」1、2、3を評価の観点として取り上げる場合、3「学びに向かう力、人間性等」の表記のみ「主体的に学習に取り組む態度」としている。これは、2016（平成28）年12月の中央教育審議会答申に明示された表記に基づいている。

第1節

現代的な諸課題に対応する横断的・総合的な課題に関わる指導

　現代的な諸課題には、多様な知識や価値観等が含まれている。その課題に児童生徒が横断的・総合的に取り組むことで、変化の激しい現代社会を生き抜く力を身に付けることができる具体的事例を以下に紹介する。

［O市立A小学校（6年）の指導事例］

1. 単 元 名　「ビブリオバトル大会（書評合戦）を通して読書力を付ける」

2. 単元目標

○　「面白い」と思う本の魅力を紹介し合った後、読みたくなった本を決定するビブリオバトル（書評合戦）を通して、読書の楽しさを味わえるようにする。

○　友を通して本を知り、本を通して友を知る学習活動から、いろいろな本に出合うこと、他者についても知ることの大切さを学ぶ。

3. 地域・学校・児童の実態

　読書経験の乏しさ、家庭での読書習慣が定着していない児童が本校には多く、本を十分に読みこなせない等の課題がある。そのため、読書指導の重点化を図り、知的好奇心の向上を全校挙げて取り組んできた。

4. 題材について

　国語との横断的・総合的な学習である本題材では、まず基本的事項（動画視聴、書評の書き方や発表の仕方等の指導、グループの発表練習）の指導後に、ビブリオバトル大会を計画した。指導に当たり、本に関する情報の収集・整理・発信に児童が主体的に取り組めるようにした。またグループ内の話合いや全体発表等を通し、プレゼンテーション力や能動的に読書する態度を培い、目指す資質・能力の育成を図った。

5. 評価観点及び評価規準

観点	1. 知識及び技能、読書力	2. 思考力、判断力、表現力等	3. 主体的に学習に取り組む態度
評価規準	①自ら問題を見付け、解決の見通しをもつことができる。 ②様々な書評を聞き、自分の課題を見付け、解決策を考えることができる。	①他の考えや視点に触れ、新しい学びの機会が得られる。 ②互いに情報を交流し、問題点を見付け、考えを練り上げられる。	①広く深い考えや、発表の仕方を学び、自分の考えを高めていくことができる。 ②他の意見を参考に、自分の学びを見直すことができる。

6. 単元の展開及び評価

次	学習過程	学習活動	時数	1	2	3	評価規準	・評価方法
				評　価				
1	課題の設定 ⬇	○ビブリオバトル大会動画から学ぶ。	1	○	○		・話し方や校正の工夫、本を熟読する必要性等を理解できる。 ・公式ルールを理解して遵守できる。 ・自分の学習課題を設定できる。	・行動観察 ・行動観察
2	情報の収集	○紹介する本を選び、内容を読み込む。	1	○	○	○	・読書に親しみ、本を読もうとする。 ・本の魅力を考えることができる。	
		○興味を引く発表の仕方を確認する。	1	○	○	○	・表現の工夫の仕方について理解している。	・行動観察
	⬇	○紹介する本や作者について調べる。	1	○	○	○	・紹介すべき情報を集める。	・収集情報の内容
3	整理・分析	○集めた情報を整理しプレゼンテーションの内容を考える。	1	○	○	○	・必要な情報を整理している。 ・意欲的にプレゼンテーションの内容を考えられる。	・行動観察 ・整理した情報の内容
4（本時）	⬇ （発表）	○発表練習をする。	2		○	○	・聞き手の興味を引く表現方法を考えられる。	・行動観察
		○ビブリオバトル大会（予選、決勝戦）を行う。	2	○	○	○	・発表される書評をしっかり聞き、自分なりに評価できる。	・表現の内容について

段階		主な学習活動				指導上の留意点	
	⇩	・グループ内で順番に5分間発表する。 ・質問タイムを2分間とる。 ・グループ代表を決め、決勝戦を行う。 ・『チャンプ本』を投票で決める。				・評価の根拠となる考えをさらに確かなものにしていくことができる。	・行動観察
						・自分の考えを明確に決めることができる。	・行動観察
5	まとめ・表現	○まとめを行う。	2	○	○	・学習をまとめ、グループ内で発表ができる。	・ワークシート
6	振り返り	○学習を振り返る。	1	○	○	・振り返りを学習や生活に生かそうとしている。	・ワークシート

※上表内　評価1「知識及び技能」2「思考力、判断力、表現力等」3「主体的に学習に取り組む態度」を表わす。

7. 本時の学習活動（9/12）

（1）目標

　　　○　本の魅力を5分間で紹介し合い、その後読みたくなった本を決定するビブリオバトル（書評合戦）を通し、読書の楽しさを味わえるようにする。

（2）展開

段階	主な学習活動	指導上の留意点	○評価観点 ・準備物
導入	1　本時の活動と流れを確認する。 ビブリオバトル決勝戦 〜めざせ、チャンプ本！〜	○必要事項の確認と、興味をもって活動するように促す。	○1、3

展開	2　各グループの代表者が5分間の発表を行う。 ・　質問タイムは2分間 ※　6人の代表者の発表を順に聞きながら、チャンプ本を決めていく。	○自分の考えや思いを伝えることができるようにする。 ○発表者の思いや工夫をしっかり聞き取るように助言する。	○1、2、3 ・ワークシート
終末	3　一番読みたくなった本を選び、投票する。 4　本時の学習を振り返り、次時への見通しをもつ。	○自分の感想や考えをしっかり決めて、投票するよう支援する。 ○どんな工夫や努力が素晴らしかったか振り返らせる。	○1、2、3 ・ワークシート

8. 本時の評価

	1. 知識及び技能	2. 思考力、判断力、表現力等	3. 主体的に学習に取り組む態度
「十分満足できる」と判断される児童の学習状況	6年生の発達の段階として、「ビブリオバトル」のきまりを理解し遵守できる。	自分の書評をしっかり伝えられる。また他の書評のよさが分かり自分に生かすことができる。	書評を作成する際、自分の「生き方」も重ねて、内容を工夫していくことができる。

9. 成果と課題

　バトル形式が、児童たちによりよい書評作成の意欲を高め、インパクトのある発表の仕方の創意工夫となった。知的に優れた事柄に価値を見いだす活動が、読書の広まりや深まりを促し、情報の有効活用に結びついていった。今後は児童たちがさらに切磋琢磨し合い、「自主的で楽しい学びの場」として活動の充実化を図り、目指す資質・能力の向上に努めていけるようにしたい。

教師によるルール説明

児童たちの学習活動

第2節

地域や学校の特色に応じた課題に関わる指導

　地域や学校はそれぞれの特色とその特色に応じた課題がある。その課題に児童生徒が取り組むことで、将来、地域を支えていく人材となることができる。本節では、自分の住む地域の魅力や課題を考えることで、地域を支える人材としての意識を高めることのできた指導を紹介する。

[K市立E中学校（2年）の指導事例]

1　単 元 名　「地域を支える人材としての意識を高める探究活動」

2　単元目標

　　〇　一年次から継続してきた「実社会や実生活の中から課題を見いだし、自ら課題を立てる」という探究の基礎を生かして、生徒自身が自分の住む地域の魅力や課題を考えることのできる知識・技能を身に付ける。

　　〇　生徒自らが地域を支えられる人材になることへの意識や態度をもつことができるようにするため、まず情報収集に力を入れ、そのための技能や思考力、判断力等を身に付ける。

3　生徒の姿

　本校は、二小一中の地域にあり、落ち着いた環境にあるが、生徒の学力差に課題がある。また、自らの地域に愛着をもちにくい生徒も少なからずいる実態がある。

4　題材について

　本題材は、生徒自身が生活している地域の魅力や課題について、自ら調べる「情報の収集」に重点を置いた実践を通して、地域への理解を促し、生徒一人一人が地域を支える人材になることのできる資質・能力を身に付けられる題材である。

5　評価観点及び評価規準

観点	1. 知識及び技能	2. 思考力、判断力、表現力等	3. 主体的に学習に取り組む態度
評価規準	○学校の所在する地域の実態を理解する。 ○地域の抱える様々な課題と地域の魅力を理解する。	○学びを基に、自分の地域の課題を見いだすことができる。 ○学びの内容を基に、プレゼンテーションや動画にまとめることができる。	○地域の課題を自分ごととして捉える。 ○自らも地域の一員であることを自覚し、地域の魅力の発信や地域の課題の解決に取り組むことができる。

6　指導計画

(1)　指導計画の概要（全 17 時間）

次	探究の過程	主な学習活動（時数）	指導上の留意点	○評価観点（評価方法）
1	課題の設定　⇩	○ガイダンス（今後の予定と課題の設定）　(1)	・今後の見通しを立て、課題設定ができるように助言する。	○1．2（行動観察）
2	情報の収集　⇩	○図書館等にある歴史的な資料を閲覧し、地域の歴史を見付ける。(1) ○地域にある史跡や歴史的な建物等の情報入手の計画を立てる。(1)	・資料の収集方法や整理方法を理解させる。 ・地域の歴史を学び地域の成り立ちを理解できるように助言する。	○1．3（ワークシート）
3	整理・分析　⇩	○地域を複数の区画に分け、事前計画を参考にして、フィールドワークの設計を行う。(2)	・情報資料を整理・分析して、フィールドワークの設計を行わせる。 ・地域の魅力や課題には、中学生と年配者には違いのあることにも気付かせる。	○1．2（ワークシート） ○3（行動観察）
4	まとめ・表現　⇩	○地域に住む人々へのインタビュー調査の準備を行う。(1) ○班別に実際のインタビュー場面を想定したロールプレイングを実施する。(1)	・インタビュー内容や役割について助言する。 ・ロールプレイングでは地域の方と話すことを意識させる。	○1，3（行動観察）
5	情報の収集　⇩	○フィールドワークで区画ごとに班別で地域を回り、情報を収集する。(2) ○アポイントメントを取った地域の方にインタビュー調査を行う。(1)	・地域の魅力と課題という二つの視点から地域を捉えることに気付かせる。 ・丁寧な態度でインタビューを行えるように助言する。	○1．2（写真・動画撮影、ワークシート） ○3（行動観察）

6	整理・分析	○フィールドワークやインタビュー調査の結果を整理し、プレゼンテーションの準備を行う。パソコンを利用してスライドの作成を行う。 (2)	・地域の魅力と課題を整理し、プレゼンテーションに入れることができるようにさせる。 ・見る側に興味のあるプレゼンテーションになるように助言する。	○1．2（プレゼンテーション資料） ○3（行動観察）
7	まとめ・表現	○プレゼンテーションの発表を行う。保護者や地域の方も招待する。 (2)	・プレゼンテーションを行う際には一人一人に役割があるようにする。 ・お互いに質問や意見を記入できるようにする。	○1．2（感想文ワークシート） ○1（行動観察）
8	振り返り	○地域を支える人材を理解する。 (1) ○活動のまとめとして、個人でレポートを作成し、振り返る。 (2)	・一人一人に地域の魅力と課題を実感させ、地域を支えていく人材になる意識をもてるように助言する。	○1．2（まとめレポート、ワークシート）

※上表の評価観点　1.「知識及び技能」2.「思考力、判断力、表現力等」3.「主体的に学習に取り組む態度」

(2) 本指導事例における学習活動の工夫

［第1次］ガイダンス

　　プロジェクト全体の見通しを立て、課題の設定や情報の収集に向けて具体的な手順を確認した。

［第2次］情報収集

　　インターネットで地域の情報を収集したり、区役所や図書館で調べ学習を実施する。地域の歴史に関する資料、地域の魅力をまとめた資料、地域に残る物語や昔話などを調べ、題材につながる情報を収集することを明確にすることを助言する。

[第3次] 整理・分析（フィールドワーク設計）

　　フィールドワークにより、地域の様子を整理できるような設計にする。そのためインタビュー内容なども分析してまとめることを助言する。

[第4次] まとめ・表現（インタビュー準備）

　　地域の様子から一層、地域の魅力や課題をつかむため、インタビュー内容を工夫し、情報の収集を行う計画を立てる。また、班別にインタビュー場面を想定したロールプレイングを行うことを助言する。

[第5次] 情報の収集（フィールドワーク）

　　区画ごとに班別で地域を回り、情報を収集する。また、地域の方にインタビューを行えるように助言する。

[第6次] 整理・分析（プレゼンテーション準備）

　　フィールドワークの結果からプレゼンテーションを立案する。第7次に発表を設定しており、その準備を行う。調査した内容から、地域が抱える課題、地域の魅力等の利点を盛り込んだスライドを作成する。「伝え方」「見せ方」に注意を払い、どのようなプレゼンテーションを行うのかを考えるようにする。

[第7次] まとめ・表現（プレゼンテーション発表会）

　　発表会を実施する。各班は発表を聞いて、感想文形式のワークシートに記入する。発表の良かった点や改善点を記入し、それぞれの班に渡す。これは探究の「まとめ・表現」にあたるプロセスであり、生徒たちが地域への理解を一層深めることができる。

[第8次] 振り返り

　　これまでの学習活動のまとめを行うため、個人でレポートを作成する。考えたこと、学んだことをワークシートに記入し、「最も力を入れたこと」を問うことで、探究の過程でどこに重点を置いて活動したかを評価することを試みる。

7　成果と課題

　中学生が地域の課題や地域の魅力と向き合い、自らの力で地域のことを考える探究的な学習活動を実施してきた。特に、今回の事例では、情報の収集に重点を置いた取り組みを目指した。そのため、単純に本やインターネットの情報を鵜呑みにすることなく、実際にフィールドワークを設定し、インタビューを実施し、地域をめぐる活動を通して、実体験を通して確認を行った。

　そのため、区役所に事前に連絡し、探究の学習過程を理解して頂き、地域に関連した資料の入手や生徒の質問場面を設定すること等の支援をお願いし、生徒の興味関心を引き出すことができた。また、学習活動の多くを班活動で行うことで、生徒同士がお互いに支え合い、全員でプレゼンテーションに取り組むことができ、高い満足感、充実感を得ることができた。多くの生徒が、総合的な学習の時間で育む資質・能力を身に付けることができるようになってきた。

　しかしながら、生徒の中には、活動的な学習活動には興味・関心を示し、楽しく学習しているが、探究という言葉の意味が十分に理解できず、探究活動の手法そのものがわからない者も一定数いる。したがって、今後は探究の過程を理解できるように指導しなければならない。そして、評価において努力を要すると判断した生徒には、「何を学ぶか」「どのように学ぶか」「どのような資質・能力が身に付くのか」等を毎回の時間の指導において理解できるようにしたい。

第3節

児童生徒の興味・関心に基づく課題に関わる指導

　児童生徒の探究的な学習活動を活性化させるため、興味・関心に基づく課題を設定し主体的に取り組ませました。具体的事例を以下に紹介する。

[O市立G小学校（5年）の指導事例]

1. 単　元　名　「コメから世界を見つめよう　〜食を通した国際理解〜」
2. 単元目標
   - 　家庭科「ごはんとみそ汁」から、「世界のコメ料理」へと発展させる過程を通して、食生活に興味・関心をもち「食育」に主体的に取り組めるようにする。
   - 　「世界のコメ料理」の活動を通して市民感覚の国際理解の大切さを学び、今後の学習に役立てられるようにする。
3. 地域・学校・児童の実態

　本校では外国籍の家庭が増加し、日常生活を通しての交流や国際理解等の学びの機会が増した。しかし、児童たちが世界を身近に感じる状況には至っておらず、国際理解の視点から課題をもつことは限られている。

4. 題材について

　「日本以外に米作りをしている国の調理はどんな内容か」という疑問を出発点とし、興味関心のある身近な食生活を手掛かりに視野を世界に広げ、世界の食文化、習慣、考え方等に触れた。児童は、等身大の目線で「世界の中の自分」「世界とのつながり」等を理解し、本単元への足掛かりとした。また、市民感覚での国際理解に重点を置いた。その実現のため、以下の二点を配慮した。一つは、児童の「情報の収集・整理・伝達等の資質の向上」を図っておくことである。そのため、NIE（Newspaper in Education）の学習との関連を図った。二つには、「調べ学習」「人々との

出会い」等から他国文化の知識や想いを主体的に獲得していくためゲストティーチャーを招聘し、市民感覚での国際理解の機会を設けた。これらの取組により、児童の今後の主体的な国際理解が促進されることを期待して、本課題を設定した。

5. 評価観点及び評価規準

観点	1. 知識及び技能	2. 思考力、判断力、表現力等	3. 主体的に学習に取り組む態度
評価規準	①外国にも多くのコメ料理があり、人々の食生活と深く関わることが理解できる。 ②他教科等で習得した知識や技能を活用できる。 ③体験を通した学びから、自分達の食文化のよさを知るとともに、多文化を理解して尊重することができる。	①コメ料理から各国の食文化の共通点や、違いを正しく理解できる。 ②集めた情報を比較、分析・整理して意見交流できる。	①課題に主体的に取り組むことができる。 ②各国の文化への興味・関心を深め、進んで交わることや、自他の文化を尊重する意欲や態度を高めることができる。 ③学びから得られたことを、自らの生活に生かすことができる。

6. 単元の展開及び評価

（1）単元の展開

　①　本単元までの経過

　　本単元では8か国（中国、韓国、フィリピン、ベトナム、インドネシア、タイ、マレーシア、モンゴル）の方々にゲストティーチャーとして児童への交流や支援をしていただくが、前段階として以下の様な実践を行った。

　○　発展学習のスタート【家庭科】

　　調理実習「ごはんとみそ汁（5年生）」の発展として、他の調理方法にも目を向けるよう助言をした。児童の食を通した学びへの興味・関心は高く、「世界のコメ料理へのアプローチ」を意欲

的に受け止めた。

○　情報収集、整理、伝達等の仕方の習得【NIE（Newspaper in Education）】

「総合的な学習の時間」では、情報の収集、整理、伝達等の力が未熟で十分な探究に至らないことがあるため、国語科「新聞記事を読み比べよう」の学習と関連指導を行った。さらに培った力を朝の会のスピーチ改善や社会見学等の発表の工夫、総合的な学習の自由研究等で磨いた。

同じ内容を各新聞で比較検討

気付いたこと等を記入

発表し合い、考えを深める

(2)　単元の展開及び評価等

次	学習過程	学習活動	時数	1	2	3	評価規準	評価方法
1	課題の設定	○（和食以外の）コメ料理について調べてみよう。	1	○	○	○	・家庭科の学習を基盤に、国際理解に興味・関心を広げられる。	・ワークシート
2	情報の収集	○各自で興味・関心のある料理をそれぞれ調べる。	1	○	○	○	・興味・関心を広げることができる。	・行動観察（発言）・ワークシート・行動観察（調べ学習の内容）

3	整理・分析	○グルーピングを行い（教師の助言も含め）8チームを編成する。	1	○	○	○	・どのゲストティーチャーの国を選ぶかの理由を明確にもつことができる。	・行動観察（興味・関心、編成作業への参加態度等）
		○資料に基づいてコメ料理のレシピを作る。	1	○	○		・実習時に役立つ資料を作成できる。	・レシピの内容
4（本時）	（調理実習）	○調理実習計画を立てる。	1	○	○		・実効性のある計画を立てられる。	・行動観察（学習参加形態）
		○調理実習を行う。	2	○	○	○	・様々な助言を生かし、協力して調理できる。	・行動観察（役割、ゲストへの配慮）
5	まとめ・表現	○集めた情報を分類・整理し新聞を制作する。	2	○	○	○	・情報を、分かりやすくまとめることができる。	・行動観察（制作作業）
		○各々の新聞を紹介し合い、体験した市民感覚の国際理解を広げる。	1	○	○	○	・国際理解の大切さを実感し、今後の生活に生かすことができる。	・新聞の内容 ・ワークシート ・発言
6	振り返り	○まとめを行う。	1	○		○	・学習をまとめ、振り返り、学習や生活に生かそうとしている。	・自己評価

7. 本時の学習活動（6/11 〜 7/11）

（1）目標

　　世界のコメ料理を自主的に調べ、その学習成果をもとに8か国のゲストティーチャーの支援を受けながら調理実習を行う。そして、体験したことや感じたこと等を全員で交流し合う。

（2）展開

　　本校児童は探究の力が不足しているため、実習体験におけるゲ

ストティーチャーとの直接交流等を通じて、様々な情報への気付きと「収集」、さらに以降の「整理」・「伝達」への活動意欲を高めたい。そして、横断的・総合的な学びとしての活動が、一層充実できる指導展開に努める。

段階	主な学習活動	指導上の留意点	○評価観点 ・準備物
導入	1. 本時の学習課題を確認し、グループ毎にゲストティーチャーと簡単に打ち合わせをする。	○本時のねらいを伝える。 ○短時間で効果的に打ち合わせられるよう、ゲストティーチャーをサポートする。	○1．2．3 ・各グループ行程表
展開	2. 計画表に基づき、準備する。 3. グループ毎にゲストティーチャーと調理実習を行う。 4. 完成したコメ料理をゲストティーチャーと喫食する。 5. 協力して片付ける。	○漏れがないよう支援をする。 ○児童が計画した調理方法に沿って、スムーズに調理実習ができるよう支援する。同時に、ゲストティーチャーとの交流が深まるように配慮する。 ○出身国の話題等で、楽しく交流できるようにする。食後に時間の余裕があれば新聞制作のためインタビューを行うよう指示する。 ○協力して活動できるよう支援する。	○1．2．3 ・各グループ行程表 ・各グループ調理用材料、調味料、調理器具等 ・喫食用道具 （皿、スプーン、箸等） ・清掃用具
まとめ	6. 各グループでインタビューをし、本日のお礼の気持ちを伝える。	○必要な情報を収集するとともに、人間的な触れ合いの時間となるようにする。	○1．2．3 ・ワークシート

8. 本時の評価

	1. 知識及び技能	2. 思考力、判断力、表現力等	3. 主体的に学習に取り組む態度
「十分満足できる」と判断される児童の学習状況	○世界のコメ料理について興味・関心を高め、課題を設定して取り組むことができる。	○様々なコメ料理について図書や情報機器等を自主的に活用し、課題解決に必要な情報を収集・整理できる。そして、自分が調べた内容を分かりやすく伝え、より価値の高い情報に練りあげられる。	○調べたコメ料理をゲストティーチャーの支援を受けながら調理する活動を通じ、市民感覚の国際理解の大切さを学び取ることができる。

9. 成果と課題

　ゲストティーチャーの方々は、全員が本市の非常勤職員（英語担当）であり、児童とのコミュニケーションに慣れ、聞き取りや交流もスムーズに行えた。

　終了後、集めた情報を分類・整理して、グループ毎に新聞を制作し回覧した上で、学習を振り返り、学習のまとめとした。

活動計画書

調理実習の様子

第４節

職業や自己の将来・進路に関する課題に関わる指導

　学習指導要領において職業や自己の将来に関する課題は「自己の在り方に関する思索を自身の進路に結び付け、自己の生き方について現実的、実際的に検討する上で必要となる諸課題のことである」[1]と記されている。自己の将来を力強く着実に切り拓いていこうとする資質・能力の育成につながる具体的事例を以下に紹介する。

[Ｏ府立Ｋ高等学校（２年生）の指導事例]

1. 単 元 名　「○○になりたい私が考える、地域課題の解決への提案」
2. 単元目標

　キャリア教育等を通してこれまでに培ってきた職業に対する知識や意識を探究の活動と結び付け、地域が抱える課題の解決につながる提案を行うことができる。併せて、職業人としての視点に立って自己の在り方生き方を深め、職業の選択と社会貢献及び自己実現に繋がる力を身に付ける。

3. 生徒の姿

　就きたい職業を明確に意識できている者とそうでない者とが二極化している。しかし、意識できている者であっても職業についての理解が十分に深まっているとは言えず、職務内容だけでなく、その職業の社会的意義ややりがいについてさらなる理解が必要であると感じている。

4. 題材及び探究課題

　ここで取り上げた職業や自己の進路に関わる題材は、総合的な探究の時間の目標として「自己の在り方生き方を考えながら、よりよく課題を発見し解決していく」[2]にも示され、このことは「自己の在り方生き方と一体的で不可分な課題を自ら発見し、解決していくような学びを展開していく」[3]という点で、小・中学校の総合的な学習の時間と異なる部分

である。また、本題材は、生徒たちが地域の抱える課題を考え、職業の選択と社会貢献、自己実現等を意識することができ、本校生徒の実態に合った題材である。

　探究課題は、生徒たちの実態から、「職業」と「社会参画」を組み合わせ、職業人として社会にどのような貢献ができるのかという点に絞って設定した。ここでは、職業人の立場になりきって地域課題の解決を考える活動を、探究の過程に則った形で進め、生徒たちに自己の将来を力強く切り拓いていこうとする資質・能力の育成を目指したい。

5. 評価観点及び評価規準

観点	1. 知識及び技能	2. 思考力、判断力、表現力等	3. 主体的に学習に取り組む態度
評価規準	○職業について、その職に就くために必要なプロセスを理解する。 ○地域が抱える問題について、その解決や起因解消が困難である理由について理解する。	○自分が就きたい職業を通して、地域が抱える課題の解決にどのような働きかけができるか考えることができる。 ○作成したレポートの内容について、他者に口頭で説明できる。	○自己の在り方生き方を真剣に考え、地域が抱える課題の解決につながる提案ができるよう、興味や関心をもって最後まで粘り強く課題に取り組むことができる。

6. 指導計画

（1）　指導計画の概要　（全16時間）

次	探究の過程	主な学習活動（　）：時数	指導上の留意点	評価観点（評価方法）
1	課題の設定	○イントロダクション ・予定の確認 ・課題の確認　　　(2)	・活動の見通しを立て、すべきことを確認させる。	
2	情報の収集	○キャリア形成と進路 ・職業について調べる。 ・その職業に就くために必要なプロセスを調べる。(2)	・社会の一員として何をすべきか、という視点も含めて調べ、職業に関する理解を深めさせる。	○1. 2（職業調べレポートの内容）

3	整理・分析	○地域の課題を知る。 ・市役所の職員に出張講義を行っていただき、地域が抱える問題を認識し、整理・分析を行う。(2)	・地域が抱えている課題について、実感を伴って気付くことができるようにさせる。	○1 （講演レポートの内容）
4	⇩	○「問い」（リサーチクエスチョン）を立てよう。 ・自分の希望する進路と地域が抱える課題を組み合わせた「問い」を立てる。(2)	・問いを評価する（大きすぎる、簡単すぎるなど）ことを繰り返して「問い」の精度を高めるようにする。	○1．2 （「問い」の内容） ○3 （取組の様子）
5	情報の収集 ⇩	○「問い」の解明を目指して情報収集を行う。 ・フィールドワークの実施 ・レポートの作成 (3)	・文献調査だけでなく、アクションを伴った課題解決を行うように促す。	○1．2 （レポートの内容）
6	まとめ・表現1・2 （発表1）	○レポート発表会 ・学級内の小グループで自身のレポートの概要を発表する。(2)	・自らの学びを他者に紹介する中で、「まとめ・表現」の過程が深まっているかを確認できるようにする。	○1．3 （コメントシートの内容）
7	（発表2） ⇩	○代表生徒による発表会 ・発表内容や感想をコメントシートに記入する。 ・市役所や地域の方、保護者にも来ていただく。(2)	・同じ取組をした者の発表から、探究の過程における工夫やポイントを理解できるように助言する。	○1．2 （コメントシートの内容）
8	振り返り	○学習活動の振り返り。 ・これまでの活動を振り返りシートにまとめる。(1)	・成果や課題をこれからの学習や生活に生かすように助言する。	○1．3 （振り返りシートの内容）

(2) 本事例における学習活動の工夫

　　キャリア教育を短期的な進学・就職の指導にとどめず、長期的視点に立って自己実現を促すことを目標として、キャリア教育と探究活動を組み合わせた指導計画を立案し、次のように学習活動を工夫したので紹介する。

[第 1 次] **課題の設定** (イントロダクション)

　　単元全体の見通しを生徒に伝え、「自分の進路を考える」ことと「地域の抱える課題について、解決につながる提案を行う」ことの二つの柱があることを確認した。

[第 2 次] **情報の収集** (キャリア形成と進路)

　　職業調べを実施した。進路関係の書籍、パンフレット、web ページなど、様々な媒体を活用し、興味のある職業について「業務内容」「必要な資格」「高校卒業時にどのような進路を選択するとよいか」「やりがい」「社会との関連」などの項目を提示してレポートを作成した。就きたい職業を明確にできていない生徒については、悲観することではないという観点でフォローし、少しでも興味のある職業を仮でもよいので選択させて課題を進めた。

[第 3 次] **整理・分析** (地域の課題を知る)

　　市役所が実施している市民向けの出張講座を活用し、担当の方に来校していただいて地域が抱える課題について具体例を挙げて講演していただいた。高校生が知っていたり容易に想像したりできるようなものだけではなく、生徒の意欲や関心を高めるために意外性のある課題についても触れていただくようにお願いした。

[第 4 次] **(問い)** (リサーチクエスチョンを立てよう)

　　「自分の進路」と「地域の課題」を組み合わせて「＜職業名＞になりたい私が考える、＜地域が抱える課題＞の解決への提案」という問いの形式を提示し、各自で「問い」を立てた。教員とのやりとりを繰り返し、探究課題として適切なものになるように指導し、時間をかけて問いの設定を行った。

[第 5 次] **情報の収集** (「問い」の解明を目指した調査)

　　レポート作成に向けて調査を行い、必要な情報を収集し、整理・分析を行った。文献による調査に加え、地域が抱える課題を扱っているので、実際に地域に出かけて調査を行うフィールドワーク

や、当事者又は地域の方の声を直接聞かせていただくインタビュー等の手法も取り入れて内容を深めるようにした。

［第6次］まとめ・表現1（レポート発表会）

　　学級内で4〜5名の小グループを構成してそれぞれのレポートを発表した。ここでは課題としてメンバーによる質疑応答を必ず行うように指示し、内容を深める議論が展開されるようにした。

［第7次］まとめ・表現2（代表生徒による発表会）

　　レポート発表会において優秀であったものについて、市役所の職員、地域の方々、保護者等をお招きして学年の生徒が全員集まる場においてステージ発表を行った。

［第8次］振り返り（学習活動の振り返り）

　　学習活動についての振り返りを行い、小グループで発表を行った。成果と課題を明らかにし、今後の探究学習や進路の実現につなげられるようにした。

7. 成果と課題

　ここでは自己の在り方生き方ということに着目し、就職や専門学校等の職業に結びついた進路選択が中心となる学校において、探究活動とキャリア教育とが相乗的に高め合うことができるように指導を行った。その結果、自らの在り方生き方を社会と関連づけて考え、職業を通して取り組むべきミッションがあることに気付き、社会と職業とのつながりを意識した探究学習を展開することができた。

　今後の課題としては、探究課題について生徒の意欲を高めるため、市役所担当者との連携をさらに深め、「問い」の解明を目指した調査の段階においても生徒とのやり取りなどで協力いただけるようにすることが考えられる。

　なお、学習活動の評価において、努力を要すると判断した生徒には、以下の手立てで指導した。

　○　レポートの内容について、職業との結びつきが弱い場合は、その

　　職業が社会とどのように関わっているかという点を助言すること
　で、生徒の気付きを促し、思考力、判断力、表現力等の育成を図った。

引用文献

1)　文部科学省『高等学校学習指導要領（平成 30 年告示）解説　総合的な探究
　　の時間編』学校図書　平成 31 年　　p89

2)　同上書　p11

3)　同上書　p14

参考文献

○　文部科学省『小学校学習指導要領（平成 29 年告示）解説　総合的な学習の
　　時間編』東洋館出版社　平成 30 年

○　文部科学省『中学校学習指導要領（平成 29 年告示）解説　総合的な学習の
　　時間編』東山書房　平成 30 年

○　文部科学省『高等学校学習指導要領（平成 30 年告示）解説　総合的な探究
　　の時間編』学校図書　平成 31 年

中学校「町の生活について」

高等学校「情報の収集」

課題探究学習における「課題発見ツール」

....

　総合的な学習・探究の時間における課題探究学習では，課題設定の難しさが挙げられる。課題設定の指導において、課題発見に役立つツールを用いた学習を展開し、児童生徒の学習意欲を高めたい。

1. フォトランゲージの導入

　写真を使って行う参加型の学習法である。写真から印象や課題発見などをグループで言語化し、多様なことに気付くことができて学習が深まる。

2. 強みからテーマ探しチームづくりの工夫

　自分が興味をもつことなどをキーワードに置き，8つの動詞を介して連想を広げ研究テーマの設定に近づいていくワークである。

3. 問いづくりのブレーンストーミングの工夫

　素朴な疑問を自由に発言できる場づくりが主眼となる。他者の発問に触発されて新たな問いが生まれるといったチーム効果も期待できる。

4. 問いを磨くグループワークの導入

　素朴な疑問を，仮説が立てられるリサーチクエスチョンへと磨きあげる手法である。様々な要因を分析し，複数の仮説を立てて批判的に吟味する。

5. 比較や対比・対照の導入（Compare and Contrast）

　未知のフィールドへ分け入る方法として，類似点，相違点を分析する比較と対比のツールで論点整理し、新たな視点を発見することができる。

6. 三角ロジックのツールの導入

　論理的思考の構造（根拠と論拠による主張）に気付くツールである。

　探究学習の「解」は教科学習とは違って、幅のある考えができることや、教科書も無いので、授業の計画・実施・評価等の一連の指導過程においては、児童生徒の学習意欲を高める創意工夫が一層必要である。なかでも、課題

設定の困難さが挙げられるので、課題設定の指導においては、具体的な課題に絞り込むツールを児童生徒が活用できるようになると、学ぶことへの興味や関心が高まり、主体的で探究的な学びとなる。

引用文献
堀川, 松田, 他『探究学習の指導』大阪教育大学付属高等学校　平成 31 年　p.5

（中園大三郎）

高等学校
「総合的学習・ラベルを用いたコア探究の授業」

第15章

総合的学習の授業時数と評価

第1節

標準授業時数

　小・中・高等学校の「総合的な学習・探究の時間」の標準授業時数等の取扱いは、2019（令和元）年4月1日施行の学校教育法施行規則（抄）に示されている。

　なお、小・中学校「総合的な学習の時間」の標準授業時数等の取扱いとして、「（エ）総合的な学習の時間における学習活動により、特別活動の学校行事に掲げる各行事の実施と同様の成果が期待できる場合においては、総合的な学習の時間における学習活動をもって相当する特別活動の学校行事の実施に替えることができる。」と明示されている。

① 年間標準授業時数

（1）　**小学校の総合的な学習の時間の年間標準授業時数**

　　小学校では、低学年において総合的な性格をもつ教科である生活科が設定されていることや、生活科を中核とした他教科との合科的な指導が進められていることなどを考慮して、第3学年以上に設定された。（1単位時間45分、第3学年以上に週当たり3単位程度）

表15-1　小学校の総合的な学習の時間の年間授業時数[1]

学　　年	第3学年	第4学年	第5学年	第6学年
時　　数	70	70	70	70

（2）　**中学校の総合的な学習の時間の年間標準授業時数**

　　学校の裁量に任されている指導内容を一層充実させるため、上表内の標準授業時数が設定された。（1単位時間50分、各学年週当たり2～4単位程度）

表 15-2　中学校の総合的な学習の時間の年間標準授業時数[2]

学　年	第１学年	第２学年	第３学年
時　数	50	70	70

(3) 高等学校の総合的な探究の時間の年間標準授業時数

　　高等学校では、一人一人の生徒の実態に応じた多様な学習や各学校の特色に応じた教育の展開を可能とするため、「総合的な探究の時間」に充てる授業時数及び単位数に幅を設けるものとすると設定された。（1単位時間 50 分、卒業までに 3 ～ 6 単位確保）

表 15-3　高等学校の総合的な探究の時間の年間標準授業時数の配当[3]

4(2)　総合的な探究の時間の授業時数の配当については、卒業までを見通して 3 ～ 6 単位（105 ～ 210 単位時間）を確保するとともに、学校や生徒の実態に応じて、適切に配当することとしている。卒業までの各年次の全てにおいて実施する方法のほか特定の年次において実施する方法も可能である。また、年間 35 週行う方法のほか、特定の学期又は期間に行う方法を組み合わせて活用することも可能である。また、通信制の課程における扱いは、学習指導要領第 1 章総則第 2 款の 5 に規定している。

② 標準授業時数に関する留意点

　学習指導要領解説 総合的な学習・探究の時間編において、総合的学習の授業時数を確保し、しかも柔軟に運用していくために、小・中・高等学校において、次のことに留意する必要があると示されている。

(1)　年間指導計画及び単元計画における授業時数を適正に配当すること

(2)　週単位の適切な実施計画と授業時数になっていることの管理が必要であること

(3)　学期末などの大きな節目に実施時数を積算し、学習活動の進展状況と照らし合わせることが必要であること

第2節

総合的学習の評価

　評価についての改革が進まない限り、あらゆる改革の努力が結ばれることはない。それゆえ、新学習指導要領では、主体的・対話的で深い学びの視点からの授業改善を図る、いわゆる「指導と評価の一体化」が、より一層明確なものとなった。

① 「目標・内容・評価」の三視点提示とともに

　評価の目的は、「どのような資質・能力が身に付いたか」という、学習成果を判断することである。そして、指導の改善を図るとともに、児童生徒が自らの学びを振り返り、次の学びに向かうことができるようにすることである。成長を保障する「評価」の在り方は極めて重要であり、目的は常に意識しておかなければならない。

　新学習指導要領では、「目標と内容と評価を、同時に提示する」と明言し、告示された。従来は「目標と内容」が先に示され、「評価」は後から補足されるということが多かった。

　さらに今回は、「第1の目標」と「各学校における教育目標」を踏まえ、「各学校において定める目標・内容」を適切に定め、特色ある教育活動を展開することと大きく変更された。

② 新学習指導要領における評価

　教科のように数値的な評価はせず、活動や学習の過程、学習の状況や成果などを評価する。また、児童生徒のよい点、意欲や態度、進歩の状況などを踏まえる。指導要録の記載においては、改訂前の学習指導要領と同様、評定を行わず所見等を記述することになっている。

　しかしながら新学習指導要領では、「教育課程や学習・指導方法の改善を、一貫性をもった形で進める」と示され、カリキュラム・マネジメ

ントにまで言及している。そのため、従来の「学習対象」に相当する目標を実現するにふさわしい「探究課題」は早い段階で定め、評価を明確にしておかなければ、各学年が具体的な「年間指導計画」の立案ができないこととなる。

③　「目標に準拠した評価」の観点

　総合的な学習・探究の時間においては、学習指導要領が定める目標を踏まえて各学校が目標や内容を設定するという総合的な学習・探究の時間の特質から、各学校が観点を設定するという枠組みが維持されている。一方で各学校において定める目標について新学習指導要領では、総合的な学習・探究の時間の目標（第1の目標）を踏まえ、各学校の目標、内容に基づいて定めた観点による「観点別学習状況の評価」を基本とすることが示されている。

　この「観点別学習状況の評価」は、2008（平成20）年の学習指導要領改訂においては、次の4観点が設定されていた。

　(1)　関心・意欲・態度　　(2)　思考力・判断力　　(3)　表現力、技能

　(4)　知識・理解

　しかしながら、2017（平成29）年の学習指導要領改訂により、各学校が観点を設定するという枠組みは維持しながら、第1の目標を実現するにふさわしい探究課題とその解決を通して、育成を目指す次の「資質・能力の三つの柱」が、新しい評価観点の基本となる。

　(1)　知識及び技能　　(2)　思考力、判断力、表現力等

　(3)　学びに向かう力、人間性等

　この「三つの柱」を受け、「探究課題の解決を通して育成を目指す具体的な資質・能力」を決めていく。なお、上記(3)「学びに向かう力、人間性等」の内「人間性」は、観点別学習状況の評価や評定にはなじまないので、個人内評価を通じて見取ることとなる。つまり、「人間性」については観点別学習状況の評価の対象外である。（p216、下線内容も参照されたい。）

④ 評価規準の設定

「規準」とは、判断・行動などの模範となる拠り所であり、学校現場では「のりじゅん」と言い、児童生徒に身に付けさせたい資質・能力を具体的に表したものである。

評価規準の設定については、学習指導要領では「内容のまとまりごとの評価規準」を作成することが示されている。ここでの「内容のまとまり」とは、学習指導要領に示す各教科等の「第2　各学年の目標及び内容　2内容」の項目をそのまとまりごとに細分化したり整理したりしたものである。なお、国立教育政策研究所では、評価規準を作成する際の基本的な手順は以下の通りであると説明している。[4]

> 学習指導要領に示された教科及び学年（又は分野）の目標を踏まえて、「評価の観点及びその趣旨」が作成されていることを理解した上で、
> ①　各教科における「内容のまとまり」と「評価の観点」との関係を確認する。
> ②　［観点ごとのポイント］を踏まえ、「内容のまとまりごとの評価規準」を作成する。

なお、この時間では、具体的な児童生徒の姿を見取るに相応しい評価規準を設定するのであるが、学習状況の評価の方法については、以下の視点が重要視されている。

(1) 信頼される評価の方法

評価の判断が、どの教師も同じであるように、評価の観点や評価規準の共通理解を図っておく。評価規準の作成例として、近年「ルーブリック評価」が注目を集めている。

ルーブリック評価は、評価者による評価の偏りを少なくし、明示された評価尺度によってより細かな評価をすることができる。

ルーブリックが注目されるようになった理由の中で最も大きな要因は、学習者が主体となって能動的に学習する「アクティブ・ラーニング」の重要性が認識されたことによる。

表15-4　ルーブリック評価の例

観　点	評価規準	4	3	2	1
A 意見の提示	自分の意見を根拠とともに明確に提示することができているか。	自分の意見を根拠とともに過不足のない形で十分、かつ明確に提示している。	自分の意見を根拠とともに明確に提示している。	自分の意見と根拠との関連が認められるが、一部明確でない形で提示している。	自分の意見を根拠がない形で提示している。
B 資料の扱い	資料の内容を的確に把握した記述をしており、それを根拠として成立させることができているか。	資料の内容を的確に把握した記述をしており、それを根拠として過不足なく十分に成立させている。	資料の内容を的確に把握した記述をしており、それを根拠として成立させている。	資料の内容を把握した記述をしており、それを根拠として一部成立させている。	資料の内容を把握していない形で扱っている。
以　下　省　略					

※上表内　数字の4、3、2、1は「評価尺度」を表している。

(2) 多面的な評価の方法

　　多様な評価方法を、組み合わせることが重要である。（p156「特別活動の評価法」も参照されたい。）

　○　具体的な評価の例
- 　発表や話合い、学習や活動の状況などの観察による評価
- 　レポート、ワークシート、作文、絵などの制作物による評価
- 　学習活動の過程や成果などの記録や作品を計画的に集積したポートフォリオ評価
- 　一定の課題の中で身に付けた力を用いて活動することによるパフォーマンス評価
- 　評価カードや学習記録などによる自己評価や相互評価
- 　教師や地域の人々等による他者評価

(3)　**学習状況の過程を評価する方法**

　　学習活動の終末だけで評価するのではなく、過程も評価するため、事前や途中に、児童生徒の学習状況の把握と改善を適切に位置付ける。

5　**教育課程の評価**

　「社会に開かれた教育課程」の実現を一層目指し、以下の三つの側面が学習指導要領に示された。

(1)　**児童生徒、学校、地域の実態を適切に把握し、教育の目的や目標の実現に必要な教育の内容を、教科等横断的な視点で組み立てる。**

　　（例）　年度末に見直す次年度計画では、予め論議された各教科・領域部会における報告を基に協議することで、身近で深まった教職員の意識が共有されていく。併せて、教育目標や年間行事予定・年間学習指導計画の評価と見直しも実施する。

(2)　**教育課程の実施状況を評価し、その改善を図る。**

　　（例）　授業研究では、教員の指導力向上が大きなねらいであるが、学校教育目標を達成する授業になっているかの観点で、検証し討議する。

(3)　**教育課程の実施に必要な人的、または物的な体制を確保し、その改善を図る。**

　　（例）　教育委員会だけでなく、学校評議員やＰＴＡに学校の経営方針を説明し、理解と協力を求めていき、地域と連携した取組を確立して推進していく。

　つまり、教育課程の適切な評価とは、校長を中心に校内で話合いを進め、学校全体で取り組んでいくことである。学習課題や活動などの重複を検証して整理し、育成を目指す資質・能力を踏まえて作成した年間指導計画は、「目標・方法のベクトル」を揃えることにつながる。

引用文献

1) 文部科学省『小学校学習指導要領（平成29年告示）解説　総合的な学習の時間編』東洋館出版社　平成30年　p151

2) 文部科学省『中学校学習指導要領（平成29年告示）解説　総合的な学習の時間編』東山書房　平成30年　p147

3) 文部科学省『高等学校学習指導要領（平成30年告示）解説　総合的な探究の時間編』学校図書　平成31年　p146

4) 文部科学省国立教育政策研究所「『指導と評価の一体化』のための学習評価に関する参考資料」（小学校・総合的な学習の時間）教育課程研究センター　令和2年　pp14-15

参考文献

○　同上書　1）〜3）

○　ダネル・スティーブンス、アントニア・レビ（佐藤浩章監訳）『大学教員のためのルーブリック評価入門』、玉川大学出版部　2014年

小学校「総合的学習・グループ学習」

「総合的な学習の時間」に関わる
PISA調査結果に対する関係者の声

．．

　「総合的な学習の時間」の成果や評価については、国内はもちろんPISAにおける好成績につながっており、国際的にも高く評価されているといわれる。

　○　「過去15年間の日本の学力向上は、総合学習の成果だと考えると説明がつく。そして、シンガポールや上海では、総合学習のような探究的学習を日本以上に優先してやっている。」「日本の新しい学習指導要領では関連付ける学びが重視され、総合的学習は重要な手段となる。だが、実施するのは大変だろう。準備にも授業にもこれまで以上に時間がかかるからだ。」

（OECD教育局長　アンドレアス・シュライヒャー氏　インタビュー　H29.8.11読売新聞）

　○　「……日本はPISA2012調査においてすべての教科でトップかそれに近い成績を収めているが、問題解決についても例外ではない。……この問題解決のスキルの育成は、教科と総合的な学習の両方において、クロスカリキュラムによる生徒主体の活動に生徒が参加することによって行われているものである。……カリキュラムと授業をより子どもの関心を引く学習に変えようとする日本の継続的な取り組みは、PISAのよい成績を生み出しただけでなく、2003年から2012年にかけての生徒の学校への帰属意識や学習の姿勢の顕著な改善という結果を生み出している。」

（PISA2012調査報告書）

　小・中学校における全国学力・学習状況の調査結果（文部科学省）からは、総合的な学習の時間で、自分で課題を立てて、情報を集め整理して調べたことを発表するなどの学習活動に取り組んでいる児童生徒ほど各教科の正答率が高い傾向にあることが明らかになっている。このように国内の成果や評価は、国際的にも高く評価されている。

（中園大三郎）

資　料

資料1　小・中・高等学校　学習指導要領　特別活動編　対照表

小学校	中学校	高等学校
小学校 学習指導要領 第6章 特別活動 平成29年3月 告示	中学校 学習指導要領 第5章 特別活動 平成29年3月 告示	高等学校 学習指導要領 第5章 特別活動 平成30年3月 告示
第1　目標 集団や社会の形成者としての見方・考え方を働かせ、様々な集団活動に自主的、実践的に取り組み、互いのよさや可能性を発揮しながら集団や自己の生活上の課題を解決することを通して、次のとおり資質・能力を育成することを目指す。	第1　目標 集団や社会の形成者としての見方・考え方を働かせ、様々な集団活動に自主的、実践的に取り組み、互いのよさや可能性を発揮しながら集団や自己の生活上の課題を解決することを通して、次のとおり資質・能力を育成することを目指す。	第1　目標 集団や社会の形成者としての見方・考え方を働かせ、様々な集団活動に自主的、実践的に取り組み、互いのよさや可能性を発揮しながら集団や自己の生活上の課題を解決することを通して、次のとおり資質・能力を育成することを目指す。
(1) 多様な他者と協働する様々な集団活動の意義や活動を行う上で必要となることについて理解し、行動の仕方を身に付けるようにする。	(1) 多様な他者と協働する様々な集団活動の意義や活動を行う上で必要となることについて理解し、行動の仕方を身に付けるようにする。	(1) 多様な他者と協働する様々な集団活動の意義や活動を行う上で必要となることについて理解し、行動の仕方を身に付けるようにする。
(2) 集団や自己の生活、人間関係の課題を見いだし、解決するために話し合い、合意形成を図ったり、意思決定したりすることができるようにする。	(2) 集団や自己の生活、人間関係の課題を見いだし、解決するために話し合い、合意形成を図ったり、意思決定したりすることができるようにする。	(2) 集団や自己の生活、人間関係の課題を見いだし、解決するために話し合い、合意形成を図ったり、意思決定したりすることができるようにする。
(3) 自主的、実践的な集団活動を通して身に付けたことを生かして、集団や社会における生活及び人間関係をよりよく形成するとともに、自己の	(3) 自主的、実践的な集団活動を通して身に付けたことを生かして、集団や社会における生活及び人間関係をよりよく形成するとともに、人間と	(3) 自主的、実践的な集団活動を通して身に付けたことを生かして、主体的に集団や社会に参画し、生活及び人間関係をよりよく形成するとともに、

小学校	中学校	高等学校
生き方についての考えを深め、自己実現を図ろうとする態度を養う。 **第2　各活動・学校行事の目標及び内容** **［学級活動］** **1　目　標** 学級や学校での生活をよりよくするための課題を見いだし、解決するために話し合い、合意形成し、役割を分担して実践したり、学級での話合いを生かして自己の課題の解決及び将来の生き方を描くために意思決定して実践したりすることに、自主的、実践的に取り組むことを通して資質・能力を育成することを目指す。 **2　内　容** 1の資質・能力を育成するため、全ての学年において、次の各活動を通して、それぞれの活動の意義及び活動を行う上で必要となることについて理解し、主体的に考えて実践できるよう指導する。	しての生き方についての考えを深め、自己実現を図ろうとする態度を養う。 **第2　各活動・学校行事の目標及び内容** **［学級活動］** **1　目　標** 学級や学校での生活をよりよくするための課題を見いだし、解決するために話し合い、合意形成し、役割を分担して実践したり、学級での話合いを生かして自己の課題の解決及び将来の生き方を描くために意思決定して実践したりすることに、自主的、実践的に取り組むことを通して資質・能力を育成することを目指す。 **2　内　容** 1の資質・能力を育成するため、全ての学年において、次の各活動を通して、それぞれの活動の意義及び活動を行う上で必要となることについて理解し、主体的に考えて実践できるよう指導する。	に、人間としての在り方生き方についての自覚を深め、自己実現を図ろうとする態度を養う。 **第2　各活動・学校行事の目標及び内容** **［ホームルーム活動］** **1　目　標** ホームルームや学校での生活をよりよくするための課題を見いだし、解決するために話し合い、合意形成し、役割を分担して実践したり、ホームルームでの話合いを生かして自己の課題の解決及び将来の生き方を描くために意思決定して実践したりすることに、自主的、実践的に取り組むことを通して、第1の目標に掲げる資質・能力を育成することを目指す。 **2　内　容** 1の資質・能力を育成するため、全ての学年において、次の各活動を通して、それぞれの活動の意義及び活動を行う上で必要となることについて理解し、主体的に考えて実践できるよう指導する。

小学校	中学校	高等学校
(1) 学級や学校における生活づくりへの参画 　ア　学級や学校における生活上の諸問題の解決 　　学級や学校における生活をよりよくするための課題を見いだし、解決するために話し合い、合意形成を図り、実践すること。 　イ　学級内の組織づくりや役割の自覚 　　学級生活の充実や向上のため、児童が主体的に組織をつくり、役割を自覚しながら仕事を分担して、協力し合い実践すること。 　ウ　学校における多様な集団の生活の向上 　　児童会など学級の枠を超えた多様な集団における活動や学校行事を通して学校生活の向上を図るため、学級としての提案や取組を話し合って決めること。	(1) 学級や学校における生活づくりへの参画 　ア　学級や学校における生活上の諸問題の解決 　　学級や学校における生活をよりよくするための課題を見いだし、解決するために話し合い、合意形成を図り、実践すること。 　イ　学級内の組織づくりや役割の自覚 　　学級生活の充実や向上のため、生徒が主体的に組織をつくり、役割を自覚しながら仕事を分担して、協力し合い実践すること。 　ウ　学校における多様な集団の生活の向上 　　生徒会など学級の枠を超えた多様な集団における活動や学校行事を通して学校生活の向上を図るため、学級としての提案や取組を話し合って決めること。	(1) ホームルームや学校における生活づくりへの参画 　ア　ホームルームや学校における生活上の諸問題の解決 　　ホームルームや学校における生活をよりよく・充実させるための課題を見いだし、解決するために話し合い、合意形成を図り、実践すること。 　イ　ホームルーム内の組織づくりや役割の自覚 　　ホームルーム生活の充実や向上のため、生徒が主体が自覚しながら仕事を分担して、協力し合い実践すること。 　ウ　学校における多様な集団の生活の向上 　　生徒会など多様な集団や学校行事を通してホームルームや学校生活の向上を図るため、ホームルームとしての提案や取組を話し合って決めること。

小学校	中学校	高等学校
(2) 日常の生活や学習への適応と自己の成長及び健康安全 ア 基本的な生活習慣の形成 　身の回りの整理や挨拶などの基本的な生活習慣を身に付け、節度ある生活にすること。 イ よりよい人間関係の形成 　学級や学校の生活において互いのよさを見付け、違いを尊重し合い、仲よくしたり信頼し合ったりして生活すること。 ウ 心身ともに健康で安全な生活態度の形成 　現在及び将来にわたって心身の健康を保持増進することや、事件や事故、災害等から身を守り安全に行動すること。 エ 食育の観点を踏まえた学校給食と望ましい食習慣の形成 　給食の時間を中心としながら、望ましい食習慣の形成を図るとともに、食事を通して人間関係をよりよくすること。	(2) 日常の生活や学習への適応と自己の成長及び健康安全 ア 自他の個性の理解と尊重、よりよい人間関係の形成 　自他の個性を理解して尊重し、互いのよさや可能性を発揮しながらよりよい集団生活をつくること。 イ 男女相互の理解と協力 　男女相互について理解するとともに、共に協力し尊重し合い、充実した生活づくりに参画すること。 ウ 思春期の不安や悩みの解決、性的な発達への対応 　心や体に関する正しい理解を基に、適切な行動をとり、悩みや不安に向き合い乗り越えようとすること。 エ 心身ともに健康で安全な生活態度や習慣の形成 　節度ある生活を送るなど現在及び生涯にわたって心身の健康を保持増進することや、事件や事故、災害等から身を守り安全に行動すること。	(2) 日常の生活や学習への適応と自己の成長及び健康安全 ア 自他の個性の理解と尊重、よりよい人間関係の形成 　自他の個性を理解して尊重し、互いのよさや可能性を発揮しながらよりよい集団生活をつくること。 イ 男女相互の理解と協力 　男女相互について理解するとともに、共に協力し尊重し合い、充実した生活づくりに参画すること。 ウ 国際理解と国際交流の推進 　我が国と他国の文化や生活習慣などについて理解し、よりよい交流の在り方を考えるなど、共に尊重し合い、主体的に国際社会に生きる日本人としての在り方生き方を探究しようとすること。 エ 青年期の悩みや課題とその解決 　心や体に関する正しい理解を基に、適切な行動をとり、悩みや不安に向き合い乗り越えようとする。

小学校	中学校	高等学校
(3) 一人一人のキャリア形成と自己実現 ア 現在や将来に希望や目標をもって生きる意欲や態度の形成 　学級や学校での生活づくりに主体的に関わり、自己を生かそうとするとともに、希望や目標をもち、その実現に向けて日常の生活をよりよくしようとすること。 イ 社会参画意識の醸成や働くことの意義の理解 　清掃などの当番活動や係活動等の自己の役割を自覚して協働することの意義を理解し、社会の一員として役割を果たすために必要となることについて主体的に考えて	災害等から身を守り安全に行動すること。 エ 食育の観点を踏まえた学校給食と望ましい食習慣の形成 　給食の時間を中心としながら、成長や健康管理を意識するなど、望ましい食習慣の形成を図るとともに、食事を通して人間関係をよりよくすること。 (3) 一人一人のキャリア形成と自己実現 ア 社会生活、職業生活との接続を踏まえた主体的な学習態度の形成と学校図書館等の活用 　現在及び将来の学習と自己実現とのつながりを考えたり、自主的に学習する場としての学校図書館等を活用したりしながら、学ぶことと働くことの意義を意識して学習の見通しを立て、振り返ること。 イ 社会参画意識の醸成や勤労観・職業観の形成 　社会の一員としての自覚や責任をもち、社会生活を営む上で必要なマナーやルール、働くことや社	こと。 オ 生命の尊重と心身ともに健康で安全な生活を送るなど健康及び安全に関する習慣の確立 　節度ある健全な生活態度や規律のある習慣の確立 　現在及び生涯にわたって心身の健康を保持増進することや、事件や事故、災害等から身を守り安全に行動すること。 (3) 一人一人のキャリア形成と自己実現 ア 学校生活と社会的・職業的自立の意義の理解 　現在及び将来の生活や学習と自己実現とのつながりを考えたり、社会的・職業的自立の意義を意識したりしながら、学習の見通しを立て、振り返ること。 イ 主体的な学習態度の確立と学校図書館等の活用 　自主的に学習する場を活用し、自分にふさわしい学習方法や学習習慣を身に付けること。 ウ 社会参画意識の醸成や勤労観・職

小学校	中学校	高等学校
行動する。 ウ　主体的な学習態度の形成と学校図書館等の活用 　学ぶことの意義や現在および将来の学習と自己実現とのつながりを考えたり、自主的に学習する場としての学校図書館等を活用したりしながら、学習の見通しを立て、振り返ること。 3　内容の取扱い (1) 指導に当たっては、各学年段階で特に次の事項に配慮すること。 ［第1学年及び第2学年］ 話合いの進め方に沿って、自分の意見を発表したり、他者の意見をよく聞いたりして、合意形成して実践すること。基本的な生活習慣や約束やきまりを守ることの大切さを理解して行動し、生活をよくす	会に貢献することについて考えて行動すること。 ウ　主体的な進路の選択と将来設計 　目標をもって、生き方や進路に関する適切な情報を収集・整理し、自己の個性や興味・関心に照らして考えること。 3　内容の取扱い (1) 2の(1)のK としての指導に当たっては、集団としての意見をまとめる話合い活動など小学校からの積み重ねや経験を生かし、それらを発展させることができるよう工夫すること。 (2) 2の(3)の指導に当たっては、学校、家庭及び地域における学習や生活の見通しを立て、学んだことを振り返りながら、新たな学習や生活への意	職業の形成 　社会の一員としての自覚や責任をもち、社会生活を営む上で必要なマナーやルール、働くことや社会に貢献することについて考えて行動すること。 エ　主体的な進路の選択決定と将来設計 　適性やキャリア形成などを踏まえた教科・科目を選択することとなどについて、目標をもって、在り方生き方や進路に関する適切な情報を収集・整理・処理し、自己の個性や興味・関心に照らして考えること。 3　内容の取扱い (1) 内容の(1)の指導に当たっては、集団としての意見をまとめる話合い活動など中学校からの積み重ねや経験を生かし、それらを発展させることができるよう工夫すること。 (2) 内容の(3)の指導に当たっては、学校、家庭及び地域における学習や生活の見通しを立て、学んだことを振り返りながら、新たな学習や生活へ

小学校	中学校	高等学校
るための目標を決めて実行すること。 [第3学年及び第4学年] 　理由を明確にして考えを伝えたり、自分と異なる意見も受け入れたりしながら、集団としての目標や活動内容について合意形成を図り、実践すること。 　自分のよさや役割を自覚し、よく考えて行動するなど節度ある生活を送ること。 [第5学年及び第6学年] 　相手の思いを受け止めて聞いたり、相手の立場や考え方を理解したりして、多様な意見のよさを積極に生かして合意形成を図り、実践すること。高い目標を持って粘り強く努力し、自他のよさを伸ばし合うようにすること。 (2) 2の(3)の指導に当たっては、学校、家庭及び地域における学習や生活の見通しを立て、学んだことを振り返りながら、新たな学習や生活への意欲につなげたり、将来の生き方を考えたりする活動を記録し蓄積する活動を、児童が活用すること。その際、教材等を活用すること。	欲につなげたり、将来の生き方を考えたりする活動を行うこと。その際、生徒が活動を記録し蓄積する教材等を活用すること。	の意欲につなげたり、将来の在り方生き方を考えたりする活動を行うこと。その際、生徒が活動を記録し蓄積する教材等を活用すること。

小学校	中学校	高等学校
[児童会活動] １　目標 　異年齢の児童同士で協力し、学校生活の充実と向上を図るための諸問題の解決に向けて、計画を立て役割を分担し、協力して運営することに自主的、実践的に取り組むことを通して、第１の目標に掲げる資質・能力を育成することを目指す。 ２　内容 　１の資質・能力を育成するため、学校の全児童をもって組織する児童会において、次の各活動を通して、それぞれの活動の意義及び活動を行う上で必要となることについて理解し、主体的に考えて実践できるよう指導する。 (1)　児童会の組織づくりと児童会活動の計画や運営 　児童が主体的に組織をつくり、役割を分担し、計画を立て、学校生活の課題を見いだし解決するために話し合い、合意形成を図り実践すること。	[生徒会活動] １　目標 　異年齢の生徒同士で協力し、学校生活の充実と向上を図るための諸問題の解決に向けて、計画を立て役割を分担し、協力して運営することに自主的、実践的に取り組むことを通して、第１の目標に掲げる資質・能力を育成することを目指す。 ２　内容 　１の資質・能力を育成するため、学校の全生徒をもって組織する生徒会において、次の各活動を通して、それぞれの活動の意義及び活動を行う上で必要となることについて理解し、主体的に考えて実践できるよう指導する。 (1)　生徒会の組織づくりと生徒会活動の計画や運営 　生徒が主体的に組織をつくり、役割を分担し、計画を立て、学校生活の課題を見いだし解決するために話し合い、合意形成を図り実践すること。	[生徒会活動] １　目標 　異年齢の生徒同士で協力し、学校生活の充実と向上を図るための諸問題の解決に向けて、計画を立て役割を分担し、協力して運営することに自主的、実践的に取り組むことを通して、第１の目標に掲げる資質・能力を育成することを目指す。 ２　内容 　１の資質・能力を育成するため、学校の全生徒をもって組織する生徒会において、次の各活動を通して、それぞれの活動の意義及び活動を行う上で必要となることについて理解し、主体的に考えて実践できるよう指導する。 (1)　生徒会の組織づくりと生徒会活動の計画や運営 　生徒が主体的に組織をつくり、役割を分担し、計画を立て、学校生活の課題を見いだし解決するために話し合い、合意形成を図り実践すること。

小学校	中学校	高等学校
(2) 異年齢集団による交流 児童会が計画や運営を行う集会等の活動において、学年や学級が異なる児童と共に楽しく触れ合い、交流を図ること。 (3) 学校行事への協力 学校行事の特質を活用して、児童会の組織を活用して、計画の一部を担当したり、運営に協力したりすること。 3 内容の取扱い (1) 児童会の計画や運営は、主として高学年の児童が行うこと。その際、学校の全児童が主体的に活動に参加できるものとなるよう配慮すること。 [クラブ活動] 1 目標 異年齢の児童同士で協力し、共通の興味・関心を追求する集団活動の計画を立てて運営することに自主的、実践的に取り組むことを通して、個性の伸長を図りながら、第1の目標に掲げる資質・能力を育成することを目指す。	(2) 学校行事への協力 学校行事の特質に応じて、生徒会の組織を活用して、計画の一部を担当したり、運営に主体的に協力したりすること。 (3) ボランティア活動などの社会参画 地域や社会の課題を見いだし、具体的な計画を考え、実践し、地域や社会に参画できるようにすること。	(2) 学校行事への協力 学校行事の特質に応じて、生徒会の組織を活用して、計画の一部を担当したり、運営に主体的に協力したりすること。 (3) ボランティア活動などの社会参画 地域や社会の課題を見いだし、具体的な対策を考え、実践し、地域や社会に参画できるようにすること。

小学校	中学校	高等学校
2　内　容 1の資質・能力を育成するため、主として第４学年以上の同好の児童をもって組織するクラブにおいて、次の各活動を通して、それぞれの活動の意義及び活動を行う上で必要となることについて理解し、主体的に考えて実践できるよう指導する。 (1) クラブの組織づくりとクラブ活動の計画や運営 　児童が活動計画を立て、役割を分担し、協力して運営に当たること。 (2) クラブを楽しむ活動 　異なる学年の児童と協力し、創意工夫を生かしながら共通の興味・関心を追求すること。 (3) クラブの成果の発表 　活動の成果について、クラブの成員の発意・発想を生かし、協力して全校の児童や地域の人々に発表すること。 [学校行事] 1　目　標 全校又は学年の児童で協力し、より	[学校行事] 1　目　標 全校又は学年の生徒で協力し、より	[学校行事] 1　目　標 全校若しくは学年又はそれらに準ず

小学校	中学校	高等学校
よい学校生活を築くための体験的な活動を通して、集団への所属感や連帯感を深め、公共の精神を養いながら、第1の目標に掲げる資質・能力を育成することを目指す。 2 内容 1の資質・能力を育成するため、全ての学年において、全校又は学年を単位として、次の各行事において、学校生活に秩序と変化を与え、学校生活の充実と発展に資する体験的な活動を行うことを通して、それぞれの学校行事の意義及び活動を行う上で必要となることについて理解し、主体的に考えて実践できるよう指導する。 (1) 儀式的行事 　学校生活に有意義な変化や折り目を付け、厳粛で清新な気分を味わい、新しい生活の展開への動機付けとなるようにすること。 (2) 文化的行事 　平素の学習活動の成果を発表し、自己の向上の意欲を一層高めたり、文化や芸術に親しんだりするように	よい学校生活を築くための体験的な活動を通して、集団への所属感や連帯感を深め、公共の精神を養いながら、第1の目標に掲げる資質・能力を育成することを目指す。 2 内容 1の資質・能力を育成するため、全ての学年において、全校又は学年を単位として、次の各行事において、学校生活に秩序と変化を与え、学校生活の充実と発展に資する体験的な活動を行うことを通して、それぞれの学校行事の意義及び活動を行う上で必要となることについて理解し、主体的に考えて実践できるよう指導する。 (1) 儀式的行事 　学校生活に有意義な変化や折り目を付け、厳粛で清新な気分を味わい、新しい生活の展開への動機付けとなるようにすること。 (2) 文化的行事 　平素の学習活動の成果を発表し、自己の向上の意欲を一層高めたり、文化や芸術に親しんだりするように	る集団で協力し、よりよい学校生活を築くための体験的な活動を通して、集団への所属感や連帯感を深め、公共の精神を養いながら、第1の目標に掲げる資質・能力を育成することを目指す。 2 内容 1の資質・能力を育成するため、全校若しくは学年又はそれらに準ずる集団を単位として、次の各行事において、学校生活に秩序と変化を与え、学校生活の充実と発展に資する体験的な活動を行うことを通して、それぞれの学校行事の意義及び活動を行う上で必要となることについて理解し、主体的に考えて実践できるよう指導する。 (1) 儀式的行事 　学校生活に有意義な変化や折り目を付け、厳粛で清新な気分を味わい、新しい生活の展開への動機付けとなるようにすること。 (2) 文化的行事 　平素の学習活動の成果を発表し、自己の向上の意欲を一層高めたり、文化や芸術に親しんだりするように

小学校	中学校	高等学校
すること。 (3)　健康安全・体育的行事 　心身の健全な発達や健康の保持増進、事件や事故、災害等から身を守る安全な行動や規律ある集団行動の体得、運動に親しむ態度の育成、責任感や連帯感の涵養、体力の向上などに資するようにすること。 (4)　遠足・集団宿泊的行事 　自然の中での集団宿泊活動などの平素と異なる生活環境にあって、見聞を広め、自然や文化などに親しむとともに、よりよい人間関係を築くなどの集団生活の在り方や公衆道徳などについての体験を積むことができるようにすること。 (5)　勤労生産・奉仕的行事 　勤労の尊さや生産の喜びを体得するとともに、ボランティア活動などの社会奉仕の精神を養う体験が得られるようにすること。	すること。 (3)　健康安全・体育的行事 　心身の健全な発達や健康の保持増進、事件や事故、災害等から身を守る安全な行動や規律ある集団行動の体得、運動に親しむ態度の育成、責任感や連帯感の涵養、体力の向上などに資するようにすること。 (4)　旅行・集団宿泊的行事 　平素と異なる生活環境にあって、見聞を広め、自然や文化などに親しむとともに、よりよい人間関係を築くなどの集団生活の在り方や公衆道徳などについての体験を積むことができるようにすること。 (5)　勤労生産・奉仕的行事 　勤労の尊さや生産の喜びを体得し、職場体験活動などの勤労観・職業観に関わる啓発的な体験が得られるようにするとともに、共に助け合って生きることの喜びを体得し、ボランティア活動などの社会奉仕の精神を養う体験が得られるようにすること。	すること。 (3)　健康安全・体育的行事 　心身の健全な発達や健康の保持増進、事件や事故、災害等から身を守る安全な行動や規律ある集団行動の体得、運動や連帯感の涵養、体力の向上などに資するようにすること。 (4)　旅行・集団宿泊的行事 　平素と異なる生活環境にあって、見聞を広め、自然や文化などに親しむとともに、よりよい人間関係を築くなどの集団生活の在り方や公衆道徳などについての体験を積むことができるようにすること。 (5)　勤労生産・奉仕的行事 　勤労の尊さや創造することの喜びを体得し、就業体験活動などの勤労観・職業観や進路の形成や進路の選択決定などに関する体験が得られるようにするとともに、共に助け合って生きることの喜びを体得し、ボランティア活動などの社会奉仕の精神を養う

小学校	中学校	高等学校
3 内容の取扱い (1) 児童や学校、地域の実態に応じて、2に示す行事の各種ごとに行事及びその内容を重点化するとともに、各行事の趣旨を生かした上で、行事間の関連や統合を図るなど精選して実施すること。また、実施に当たっては、自然体験や社会体験などの体験活動を充実するとともに、体験活動を通して気付いたことなどを振り返り、まとめたり、あとなどの事後の活動を充実すること。 第3 指導計画の作成と内容の取扱い 1～2 省略 3 入学式や卒業式などにおいては、その意義を踏まえ、国旗を掲揚するとともに、国歌を斉唱するよう指導するものとする。	ること。 3 内容の取扱い (1) 生徒や学校、生徒の実態に応じて、2に示す行事の種類ごとに、行事及びその内容を重点化するとともに、各行事の趣旨を生かした上で、行事間の関連や統合を図るなど精選して実施すること。また、実施に当たっては、自然体験や社会体験などの体験活動を充実するとともに、体験活動を通して気付いたことなどを振り返り、まとめたり、発表し合うなどの事後の活動を充実すること。 第3 指導計画の作成と内容の取扱い 1～2 省略 3 入学式や卒業式などにおいては、その意義を踏まえ、国旗を掲揚するとともに、国歌を斉唱するよう指導するものとする。	体験が得られるようにすること。 3 内容の取扱い (1) 生徒や学校、地域の実態に応じて、内容に示す行事の種類ごとに、行事及びその内容を重点化するとともに、各行事の趣旨を生かした上で、行事間の関連や統合を図るなど精選して実施すること。また、実施に当たっては、自然体験や社会体験などの体験活動を充実させるとともに、体験活動を通して気付いたことなどを振り返り、まとめたり、発表し合うなどの事後の活動を充実すること。 第3 指導計画の作成と内容の取扱い 1～2 省略 3 入学式や卒業式などにおいては、その意義を踏まえ、国旗を掲揚するとともに、国歌を斉唱するよう指導するものとする。

264

資料2　小・中・高等学校　学習指導要領　総合的な学習・探究の時間編　対照表

小学校	中学校	高等学校
小学校学習指導要領 第5章「総合的な学習の時間」 平成29年3月　告示 第1　目標 探究的な見方・考え方を働かせ、横断的・総合的な学習を行うことを通して、よりよく課題を解決し、自己の生き方を考えていくための資質・能力を次のとおり育成することを目指す。 (1) 探究的な学習の過程において、課題の解決に必要な知識及び技能を身に付け、課題に関わる概念を形成し、探究的な学習のよさを理解するようにする。 (2) 実社会や実生活の中から問いを見いだし、自分で課題を立て、情報を集め、整理・分析して、まとめ・表現することができるようにする。 (3) 探究的な学習に主体的・協働的に取り組むとともに、互いのよさを生かしながら、積極的に社会に参画しようとする態度を養う。	中学校学習指導要領 第4章「総合的な学習の時間」 平成29年3月　告示 第1　目標 探究的な見方・考え方を働かせ、横断的・総合的な学習を行うことを通して、よりよく課題を解決し、自己の生き方を考えていくための資質・能力を次のとおり育成することを目指す。 (1) 探究的な学習の過程において、課題の解決に必要な知識及び技能を身に付け、課題に関わる概念を形成し、探究的な学習のよさを理解するようにする。 (2) 実社会や実生活の中から問いを見いだし、自分で課題を立て、情報を集め、整理・分析して、まとめ・表現することができるようにする。 (3) 探究的な学習に主体的・協働的に取り組むとともに、互いのよさを生かしながら、積極的に社会に参画しようとする態度を養う。	高等学校学習指導要領 第4章「総合的な探究の時間」 平成30年3月　告示 第1　目標 探究の見方・考え方を働かせ、横断的・総合的な学習を行うことを通して、自己の在り方生き方を考えながら、よりよく課題を発見し解決していくための資質・能力を次のとおり育成することを目指す。 (1) 探究の過程において、課題の発見と解決に必要な知識及び技能を身に付け、課題に関わる概念を形成し、探究の意義や価値を理解するようにする。 (2) 実社会や実生活と自己との関わりから問いを見いだし、自分で課題を立て、情報を集め、整理・分析して、まとめ・表現することができるようにする。 (3) 探究に主体的・協働的に取り組むとともに、互いのよさを生かしながら、新たな価値を創造し、よりよい社会を実現しようとする態度を養う。

小学校	中学校	高等学校
第2 各学校において定める目標及び内容 1 目標 　各学校において定める、第1の目標を踏まえ、各学校の総合的な学習の時間の目標を定める。 2 内容 　各学校において定める、第1の目標を踏まえ、各学校の総合的な学習の時間の内容を定める。 3 各学校において定める目標及び内容の取扱い 　各学校において定める目標及び内容の設定に当たっては、次の事項に配慮するものとする。 (1) 各学校において定める目標については、各学校における教育目標を踏まえ、総合的な学習の時間を通して育成を目指す資質・能力を示すこと。 (2) 各学校において定める目標及び内容については、他教科等の目標及び内容との違いに留意しつつ、他教科	第2 各学校において定める目標及び内容 1 目標 　各学校において定める、第1の目標を踏まえ、各学校の総合的な学習の時間の目標を定める。 2 内容 　各学校において定める、第1の目標を踏まえ、各学校の総合的な学習の時間の内容を定める。 3 各学校において定める目標及び内容の取扱い 　各学校において定める目標及び内容の設定に当たっては、次の事項に配慮するものとする。 (1) 各学校において定める目標については、各学校における教育目標を踏まえ、総合的な学習の時間を通して育成を目指す資質・能力を示すこと。 (2) 各学校において定める目標及び内容については、他教科等の目標及び内容との違いに留意しつつ、他教科	社会を実現しようとする態度を養う。 第2 各学校において定める目標及び内容 1 目標 　各学校において定める、第1の目標を踏まえ、各学校の総合的な探究の時間の目標を定める。 2 内容 　各学校において定める、第1の目標を踏まえ、各学校の総合的な探究の時間の内容を定める。 3 各学校において定める目標及び内容の取扱い 　各学校において定める目標及び内容の設定に当たっては、次の事項に配慮するものとする。 (1) 各学校において定める目標については、各学校における教育目標を踏まえ、総合的な探究の時間を通して育成を目指す資質・能力を示すこと。 (2) 各学校において定める目標及び内容については、他教科等の目標及び内容との違いに留意しつつ、他教科

小学校	中学校	高等学校
等で育成を目指す資質・能力との関連を重視すること。 (3) 各学校において定める目標及び内容については、日常生活や社会との関わりを重視すること。 (4) 各学校において定める内容については、目標を実現するにふさわしい探究課題、探究課題の解決を通して育成を目指す具体的な資質・能力を示すこと。 (5) 目標を実現するにふさわしい探究課題については、学校の実態に応じて、例えば、国際理解、情報、環境、福祉・健康などの現代的な諸課題に対応する横断的・総合的な課題、地域の人々の暮らし、伝統と文化など地域や学校の特色に応じた課題、児童の興味・関心に基づく課題などを踏まえて設定すること。 (6) 探究課題の解決を通して育成を目指す具体的な資質・能力については、次の事項に配慮すること。 ア　知識及び技能については、他教	等で育成を目指す資質・能力との関連を重視すること。 (3) 各学校において定める目標及び内容については、日常生活や社会との関わりを重視すること。 (4) 各学校において定める内容については、目標を実現するにふさわしい探究課題、探究課題の解決を通して育成を目指す具体的な資質・能力を示すこと。 (5) 目標を実現するにふさわしい探究課題については、学校の実態に応じて、例えば、国際理解、情報、環境、福祉・健康などの現代的な諸課題に対応する横断的・総合的な課題、地域や学校の特色に応じた課題、生徒の興味・関心に基づく課題、職業や自己の将来に関する課題などを踏まえて設定すること。 (6) 探究課題の解決を通して育成を目指す具体的な資質・能力については、次の事項に配慮すること。 ア　知識及び技能については、他教	等で育成を目指す資質・能力との関連を重視すること。 (3) 各学校において定める目標及び内容については、地域や社会との関わりを重視すること。 (4) 各学校において定める内容については、目標を実現するにふさわしい探究課題、探究課題の解決を通して育成を目指す具体的な資質・能力を示すこと。 (5) 目標を実現するにふさわしい探究課題については、地域や学校の実態、生徒の特性等に応じて、例えば、国際理解、情報、環境、福祉・健康などの現代的な諸課題に対応する横断的・総合的な課題、地域や学校の特色に応じた課題、生徒の興味・関心に基づく課題、職業や自己の進路に関する課題などを踏まえて設定すること。 (6) 探究課題の解決を通して育成を目指す具体的な資質・能力については、次の事項に配慮すること。 ア　知識及び技能については、他教

小学校	中学校	高等学校
科等及び総合的な学習の時間で習得する知識及び技能が相互に関連付けられ、社会の中で生きて働くものとして形成されるようにすること。 イ 思考力、判断力、表現力等については、課題の設定、情報の収集、整理・分析、まとめ・表現などの探究的な学習の過程において発揮され、未知の状況において活用できるものとして身に付けられるようにすること。 ウ 学びに向かう力・人間性等については、自分自身に関すること及び他者や社会との関わりに関することの両方の視点を踏まえること。 (7) 目標を実現するにふさわしい探究課題及び探究課題の解決を通して育成を目指す具体的な資質・能力については、教科等を越えた全ての学習の基盤となる資質・能力が育まれ、活用されるものとなるよう配慮すること。	科等及び総合的な学習の時間で習得する知識及び技能が相互に関連付けられ、社会の中で生きて働くものとして形成されるようにすること。 イ 思考力、判断力、表現力等については、課題の設定、情報の収集、整理・分析、まとめ・表現などの探究的な学習の過程において発揮され、未知の状況において活用できるものとして身に付けられるようにすること。 ウ 学びに向かう力・人間性等については、自分自身に関すること及び他者や社会との関わりに関することの両方の視点を踏まえること。 (7) 目標を実現するにふさわしい探究課題及び探究課題の解決を通して育成を目指す具体的な資質・能力については、教科等を越えた全ての学習の基盤となる資質・能力が育まれ、活用されるものとなるよう配慮すること。	科等及び総合的な探究の時間で習得する知識及び技能が相互に関連付けられ、社会の中で生きて働くものとして形成されるようにすること。 イ 思考力、判断力、表現力等については、課題の設定、情報の収集、整理・分析、まとめ・表現などの探究の過程において発揮され、未知の状況において活用し身に付けられるようにすること。 ウ 学びに向かう力・人間性等については、自分自身に関すること及び他者や社会との関わりに関することの両方の視点を踏まえること。 (7) 課題を実現するにふさわしい探究課題及び探究課題の解決を通して育成を目指す具体的な資質・能力については、教科・科目等の学習を越えて全ての学習の基盤となる資質・能力が育まれ、活用されるものとなるよう配慮すること。

小学校	中学校	高等学校
第3　指導計画の作成と内容の取扱い 1　指導計画の作成に当たっては、次の事項に配慮するものとする。 (1) 年間や、単元など内容や時間のまとまりを見通して、その中で育む資質・能力の育成に向けて、児童の主体的・対話的で深い学びの実現を図るようにすること。その際、児童や学校、地域の実態等に応じて、児童が探究的な見方・考え方を働かせ、教科等の枠を超えた横断的・総合的な学習や児童の興味・関心等に基づく学習を行うなど創意工夫を生かした教育活動の充実を図ること。 (2) 全体計画及び年間指導計画の作成に当たっては、学校における全教育活動との関連の下に、目標及び内容、学習活動、指導方法や指導体制、学習の評価の計画などを示すこと。 (3) 他教科等及び総合的な学習の時間で身に付けた資質・能力を相互に関連付け、学習や生活において生かし、	第3　指導計画の作成と内容の取扱い 1　指導計画の作成に当たっては、次の事項に配慮するものとする。 (1) 年間や、単元など内容や時間のまとまりを見通して、その中で育む資質・能力の育成に向けて、生徒の主体的・対話的で深い学びの実現を図るようにすること。その際、生徒や学校、地域の実態等に応じて、生徒が探究的な見方・考え方を働かせ、教科等の枠を超えた横断的・総合的な学習や生徒の興味・関心等に基づく学習などを行うなど創意工夫を図ること。 (2) 全体計画及び年間指導計画の作成に当たっては、学校における全教育活動との関連の下に、目標及び内容、学習活動、指導方法や指導体制、学習の評価の計画などを示すこと。その際、小学校における総合的な学習の時間の取組を踏まえること。 (3) 他教科等及び総合的な学習の時間で身に付けた資質・能力を相互に関連付け、学習や生活において生かし、	第3　指導計画の作成と内容の取扱い 1　指導計画の作成に当たっては、次の事項に配慮するものとする。 (1) 年間や、単元など内容や時間のまとまりを見通して、その中で育む資質・能力の育成に向けて、生徒の主体的・対話的で深い学びの実現を図るようにすること。その際、生徒や学校、地域の実態等に応じて、生徒が探究の見方・考え方を働かせ、教科・科目等の枠を超えた横断的・総合的な学習や生徒の興味・関心等に基づく学習など生徒の創意工夫を生かした教育活動の充実を図ること。 (2) 全体計画及び年間指導計画の作成に当たっては、学校における全教育活動との関連の下に、目標及び内容、学習活動、指導方法や指導体制、学習の評価の計画などを示すこと。 (3) 目標を実現するにふさわしい探究課題を設定するに当たっては、生徒の多様な課題に対する意識を生かすこと。

小学校	中学校	高等学校
それらが総合的に働くようにすること。その際、言語能力、情報活用能力など全ての学習の基盤となる資質・能力を重視すること。	それらが総合的に働くようにすること。その際、言語能力、情報活用能力など全ての学習の基盤となる資質・能力を重視すること。	ことができるよう配慮すること。
(4) 他教科等の目標及び内容との違いに留意しつつ、第1の目標及びに第2の各学校において定める目標及び内容を踏まえた適切な学習活動を行うこと。	(4) 他教科等の目標及び内容との違いに留意しつつ、第1の目標及びに第2の各学校において定める目標及び内容を踏まえた適切な学習活動を行うこと。	(4) 他教科等及び総合的な学習の時間で身に付けた資質・能力を相互に関連付け、学習や生活において生かし、それらが総合的に働くようにすること。その際、言語能力、情報活用能力など全ての学習の基盤となる資質・能力を重視すること。
(5) 各学校における総合的な学習の時間の名称については、各学校において適切に定めること。	(5) 各学校における総合的な学習の時間の名称については、各学校において適切に定めること。	(5) 他教科等の目標及び内容との違いに留意しつつ、第1の目標及びに第2の各学校において定める目標及び内容を踏まえた適切な学習活動を行うこと。
(6) 障害のある児童などについては、学習活動を行う場合に生じる困難さに応じた指導内容や指導方法の工夫を計画的、組織的に行うこと。	(6) 障害のある生徒などについては、学習活動を行う場合に生じる困難さに応じた指導内容や指導方法の工夫を計画的、組織的に行うこと。	(6) 学校における総合的な学習の時間の名称については、各学校において適切に定めること。
(7) 第1章総則の第1の2の(2)に示す道徳教育の目標に基づき、道徳科などとの関連を考慮しながら、第3章特別の教科道徳の第2に示す内容について、総合的な学習の時間の特質に応じて適切な指導をすること。	(7) 第1章総則の第1の2の(2)に示す道徳教育の目標に基づき、道徳科などとの関連を考慮しながら、第3章特別の教科道徳の第2に示す内容について、総合的な学習の時間の特質に応じて適切な指導をすること。	(7) 障害のある生徒などについては、学習活動を行う場合に生じる困難さに応じた指導内容や指導方法の工夫を計画的、組織的に行うこと。

小学校	中学校	高等学校
		(8) 総合学科においては、総合的な探究の時間の学習活動として、原則として生徒が興味・関心、進路等に応じて設定した課題について知識や技能の深化、総合化を図る学習活動を含むこと。
2 第2の内容の取扱いについては、次の事項に配慮するものとする。	2 第2の内容の取扱いについては、次の事項に配慮するものとする。	2 第2の内容の取扱いについては、次の事項に配慮するものとする。
(1) 第2の各学校において定める目標及び第2の内容に基づき、児童の学習状況に応じて教師が適切な指導を行うこと。	(1) 第2の各学校において定める目標及び第2の内容に基づき、生徒の学習状況に応じて教師が適切な指導を行うこと。	(1) 第2の各学校において定める目標及び第2の各内容に基づき、生徒の学習状況に応じて教師が適切な指導等を行うこと。
(2) 探究的な学習の過程においては、他者と協働して課題を解決しようとする学習活動や、言語により分析し、まとめたり表現したりするなどの学習活動が行われるようにすること。その際、例えば、比較する、分類する、関連付けるなどの考えるための技法が活用されるようにすること。	(2) 探究的な学習の過程においては、他者と協働して課題を解決しようとする学習活動や、言語により分析し、まとめたり表現したりするなどの学習活動が行われるようにすること。その際、例えば、比較する、分類する、関連付けるなどの考えるための技法が活用されるようにすること。	(2) 課題の設定においては、生徒が自分で課題を発見する過程を重視すること。
(3) 探究的な学習の過程においては、コンピュータや情報通信ネットワークなどを適切かつ効果的に活用して、情報を収集・整理・発信するような	(3) 探究的な学習の過程においては、コンピュータや情報通信ネットワークなどを適切かつ効果的に活用して、情報を収集・整理・発信するような	(3) 第2の3の(6)のウに掲げる学習を行う際には、探究の視点を踏まえた学習を生徒が自覚し、内省的に捉えられるよう配慮すること。
		(4) 探究の過程においては、他者と協働して課題を解決しようとする学習活動や、言語により分析し、まとめたり表現したりするなどの学習活動

小学校	中学校	高等学校
どの学習活動が行われるよう工夫すること。その際、コンピュータや文字を入力するなどの学習の基盤として必要となる情報手段の基本的な操作を習得し、情報や情報手段を主体的に選択し活用できるよう配慮すること。 (4) 自然体験やボランティア活動などの社会体験、ものづくり、生産活動などの体験活動、観察・実験、見学や調査、発表や討論などの学習活動を積極的に取り入れること。 (5) 体験活動については、第1の目標並びに第2の各学校において定める目標及び内容を踏まえ、探究の過程に適切に位置付けること。 (6) グループ学習や異年齢集団による学習などの多様な学習形態、地域の人々の協力も得つつ、全教師が一体となって指導に当たるなどの指導体制について工夫を行うこと。 (7) 学校図書館の活用、他の学校との連携、公民館、図書館、博物館等の社会教育施設や社会教育関係団体等	どの学習活動が行われるよう工夫すること。その際、情報や情報手段を主体的に選択し活用できるよう配慮すること。 (4) 体験やボランティア活動などの社会体験、ものづくり、生産活動などの体験活動、観察・実験、見学や調査、発表や討論などの学習活動を積極的に取り入れること。 (5) 体験活動については、第1の目標並びに第2の各学校において定める目標及び内容を踏まえ、探究の過程に適切に位置付けること。 (6) グループ学習や異年齢集団による学習などの多様な学習形態、地域の人々の協力も得つつ、全教師が一体となって指導に当たるなどの指導体制について工夫を行うこと。 (7) 学校図書館の活用、他の学校との連携、公民館、図書館、博物館等の社会教育施設や社会教育関係団体等	が行われるようにすること。その際、例えば、比較する、分類する、関連付けるなどの考えるための技法が自在に活用されるようにすること。 (5) 探究の過程においては、コンピュータや情報通信ネットワークなどを適切かつ効果的に活用して、情報を収集・整理・発信するなどの学習活動が行われるよう工夫すること。その際、情報や情報手段を主体的に選択し活用できるよう配慮すること。 (6) 自然体験や就業体験活動、ボランティア活動などの社会体験、ものづくり、生産活動などの体験活動、観察・実験・実習、調査・研究、発表や討論などの学習活動を積極的に取り入れること。 (7) 体験活動については、第1の目標並びに第2の各学校において定める目標及び内容を踏まえ、探究の過程に適切に位置付けること。 (8) グループ学習や個人研究などの多様な学習形態、地域の人々の協力も

小学校	中学校	高等学校
の各種団体との連携、地域の教材や学習環境の積極的な活用などの工夫を行うこと。 (8) 国際理解に関する学習を行う際には、探究的な学習に取り組むことを通して、諸外国の生活や文化などを体験したり調査したりするなどの学習活動が行われるようにすること。 (9) 情報に関する学習を行う際には、探究的な学習に取り組むことを通して、情報を収集・整理・発信したり、情報が日常生活や社会に与える影響を考えたりするなどの学習活動が行われるようにすること。第1章総則の第3の1の(3)のイに掲げるプログラミングを体験しながら論理的思考力を身に付けるための学習活動を行う場合には、プログラミングを体験することが、探究的な学習の過程に適切に位置付くようにすること。	の各種団体との連携、地域の教材や学習環境の積極的な活用などの工夫を行うこと。 (8) 職業や自己の将来に関する学習を行う際には、探究的に取り組むことを通して、自己を理解し、将来の生き方を考えるなどの学習活動が行われるようにすること。	得つつ全教師が一体となって指導に当たるなどの指導体制について工夫を行うこと。 (9) 学校図書館の活用、他の学校との連携、公民館、図書館、博物館等の社会教育施設や社会教育関係団体等の各種団体との連携、地域の教材や学習環境の積極的な活用などの工夫を行うこと。 (10) 職業や自己の将来に関する学習を行う際には、探究に取り組むことを通して、自己を理解し、将来の在り方生き方を考えるなどの学習活動が行われるようにすること。

おわりに

　2020（令和2）年度、小学校学習指導要領が全面実施された。その後、中学校、高等学校へと順次、実施される。

　今回の学習指導要領の改訂は、これから不透明で見通しの立ちにくい2030年の社会、さらにはその先において、子どもたちが成人し活躍が期待される時期に、豊かな未来を築くために教育の方向性を示した学習指導要領であると言える。このことを受けて、今回の改訂では、知識の理解の質をさらに高め確かな学力を育成すること、また、体験的な活動を通したり、問題解決的な学習や協働的な学習を通したりすることで、学びの質を高め、感性や徳性などの人間性なども全面的に発達させることが望まれている。

　「特別活動」は、様々な集団活動に自主的、実践的に取り組み集団や自己の生活上の課題を解決するために話し合い、合意形成や意思決定を行い、決まったことを基に多様な他者と協働し、一連の活動を振り返るという教育活動である。このような学習過程を踏まえることで、「意見の違いや多様性を生かしつつ集団としての意見をまとめること」や「多様な他者のよさを認め合って協力する態度」、「様々な活動に意欲的に参加する態度」など、よりよい人間関係を形成したり、自己実現や社会参画への意識を高めたりすることができる。このことから、他の教育活動を支える基盤となる教育活動であるとも言える。

　「総合的な学習・探究の時間」では、教科等の枠を超えた横断的・総合的な学習であり、児童生徒が問題を見付け、課題を設定し、解決に向けての情報を収集したり、整理・分析したりして、課題解決に向けて自らの考えをまとめていく探究的な教育活動である。このような教育活動は思考力・判断力・表現力が求められる「知識基盤社会」の時代においては、ますます重要な役割を果たすと考えられる。

　このようなことからも上記の二つの学びは、これからの社会を生き抜くために必要な資質・能力を、児童生徒が身に付けていくために欠かすことのできない教育活動であると言える。

　本書が各学校や各大学において活用され、より一層理論が深まり、指導に生かされることを心より願っている次第である。

2023（令和5）年3月15日

　　　　　　　　　　大阪成蹊大学　教授　　松　田　　修

索　引

□ 編 著 者 □

中園大三郎　神戸医療未来大学、前大和大学、元兵庫教育大学大学院、日本特別活動学会理事、日本生活科・総合的学習教育学会員、全国特別活動研究会顧問
　　　　　はじめに、目次、第3章第4節、第6章第6節・コラム-⑦、第7章コラム-⑨、第8章、コラム-⑩、第10章コラム-⑫、第11章コラム-⑭・⑮、第14章コラム-⑱、第15章第1節・コラム-⑲、資料1・2

松田　修　大阪成蹊大学、前兵庫教育大学大学院、日本特別活動学会理事、日本生活科・総合的学習教育学会員、全国特別活動研究会顧問
　　　　　第2章第1節〜第3節、おわりに、索引

中尾　豊喜　大阪体育大学、関西学院大学、甲南女子大学、日本特別活動学会員、日本生活科・総合的学習教育学会員
　　　　　第3章コラム-④、第4章コラム-⑤、第9章第1節〜第5節、第11章第1節・第2節、索引

□ 執 筆 者 □　　（執筆順）

天野　義美　関西学院大学、関西国際大学、森ノ宮医療大学、日本特別活動学会員、日本部活動学会員
　　　　　第1章第1節〜第3節・コラム-①

藤原　靖浩　関西福祉科学大学、京都産業大学、日本特別活動学会員、日本生活科・総合的学習教育学会員
　　　　　第2章第4節1・2・3、第14章第2節

中園　貴之　大阪府大阪市立春日出小学校、日本生活科・総合的学習教育学会員
　　　　　第2章・コラム-②・③、第7章第1節〜第6節・コラム-⑧、第10章第1節・第2節

濱川　昌人　大和大学、神戸大学、高野山大学、日本特別活動学会員、日本生活科・総合的学習教育学会員
　　　　　第3章第1節〜第3節・第5節、第4章第1節・第2節、第13章コラム-⑰、第14章第1節・第3節

大石　浩之　大阪府大阪市立中浜小学校、関西学院大学（令和5年4月〜）、日本特別活動学会員
　　　　　第3章第6節、第5章コラム-⑥

秋山　麗子　　神戸松蔭女子学院大学、日本特別活動学会常任理事、日本生活科・総合的
学習教育学会員
　　　　　　　　第5章第1節〜第5節

安田　陽子　　前関西大学・花園大学、日本特別活動学会員、日本生活科・総合的学習教
育学会員
　　　　　　　　第6章第1節〜第5節

松田　忠喜　　大和大学、関西大学、神戸大学、大阪成蹊短期大学、日本特別活動学会員、
日本生活科・総合的学習教育学会員
　　　　　　　　第8章第1節〜第5節

村田　卓生　　四天王寺大学、相愛大学、英風高等学校、日本生活科・総合的学習教育学
会員
　　　　　　　　第9章コラム-⑪、第12章第1節〜第3節、第15章第2節

谷　　昌之　　大阪府立天王寺高等学校、日本特別活動学会員
　　　　　　　　第10章コラム-⑬、第12章コラム-⑯、第13章第1節〜第4節、第14章
第4節

小・中・高等学校「特別活動と総合的学習・探究の理論と指導」
—新学習指導要領に準拠した理論と指導—　第2版

2021年 4 月26日　初版発行
2023年 3 月19日　第 2 版発行

編著者　中園大三郎
　　　　松田　修、中尾豊喜

執筆者　天野義美・藤原靖浩・中園貴之
　　　　濱川昌人・大石浩之・秋山麗子
　　　　安田陽子・松田忠喜・村田卓生
　　　　谷　昌之

発行所　学術研究出版
　　　　〒670-0933　兵庫県姫路市平野町62
　　　　［販売］Tel. 079 (280) 2727　Fax. 079 (244) 1482
　　　　［制作］Tel. 079 (222) 5372
　　　　https://arpub.jp

印刷所　小野高速印刷株式会社
©Daisaburou Nakazono 2023, Printed in Japan
ISBN978-4-911008-00-3